COLUCHE

LE DICTIONNAIRE

VERSION NON CENSURÉE

Coluche au cherche midi

Coluche, pensées et anecdotes **1995**

Et vous trouvez ça drôle ? **1998**

Elle est courte mais elle est bonne ! **2000**

Ça roule, ma poule ! **2002**

Coluche par Coluche **2004**

Best of + DVD offert **2006**

Le Pavé **2010**

Encore plus drôle ! **2012**

L'Almanach **2015**

Le Pavé, nouvelle édition collector **2016**

Coluche, le livre de l'exposition **2016**

Votez, éliminez ! **2017**

Direction éditoriale :
Frédéric Dieudonné et Arnaud Hofmarcher

Conception graphique :
Adeline Goyet assistée de Stéphanie Pré

Vous pouvez consulter notre catalogue général
et l'annonce de nos prochaines parutions sur notre site :
www.cherche-midi.com

30, place d'Italie
75013 Paris

COLUCHE

LE DICTIONNAIRE

VERSION NON CENSURÉE

A... comme artiste

« Le véritable artiste,
c'est celui qui dure.
Parce que, dans le métier,
pour avoir du génie,
faut être mort.
Pour avoir du talent,
faut être vieux.
Et quand on est jeunes,
on est des cons. »

#NE PAS CONFONDRE

ABSTENTION Alors ils mettent les élections le dimanche, et après ils gueulent parce que, comme il a fait beau, personne n'est allé voter. Tu crois pas que la première chose à faire, ça serait de les mettre en semaine ?

ABSTINENCE Selon la Nasa, la navette américaine a explosé à cause d'un joint. Messieurs les pilotes, merci donc, à l'avenir, de vous abstenir de fumer pendant le décollage des navettes !

TESTEZ *votre* VOCABULAIRE

Quelle est la différence entre l'ABOMINABLE homme des neiges et l'ABOMINABLE femme des neiges ?

Une abominable paire de couilles.

ABSURDE Le milieu du show-biz est absurde : il faut avoir du succès pour qu'on te donne une chance d'avoir du succès.

ACCIDENT Jean-Baptiste Doumeng a déclaré : « Oui, bien sûr, Staline a fait quelques morts, mais pas plus que les accidents de la route. » Il devait évidemment parler de tous les accidents de la route, tous pays confondus, depuis l'invention de l'automobile.

ACCORDÉON L'accordéon, c'est dégueulasse. Moi, j'y touche pas. C'est un instrument qu'a été malade. Il est encore plein de boutons.

ADMINISTRATION

Les administrations, c'est des endroits où, quand on arrive en retard, on croise ceux qui s'en vont en avance !

TESTEZ VOTRE VOCABULAIRE

A-t-on le droit de taper sur un Arabe ?

« Oui, m'sieur, en trois exemplaires. J'suis dans ***L'ADMINISTRATION****, je l'sais ! »*

ÂGE ♦ L'âge, c'est un problème pour tout le monde. Ceux qui n'ont pas le problème, ils n'ont qu'à attendre, ils l'auront. Moi, je voudrais être un vieux qui préfère les jeunes aux vieux.

♦ À une terrasse de café, un mec demande à une nana :
« Vous avez quel âge ?
– J'ai eu 30 ans.
– Ah oui, en quelle année ? »

ALBUMINE Vous avez de l'albumine, c'est-à-dire des blancs d'œufs dans les urines ? Épousez une fille qui a du diabète et faites des blancs en neige !

ALCOOL
« Quel est ton alcool préféré ?
– Je bois pas d'alcool.
– Et tout ça, c'est pas de l'alcool ?
– C'est pas de l'alcool, c'est des bières. »

ALCOOTEST On devrait inventer l'alcootest politique, on devrait faire souffler les hommes politiques dans un ballon pour savoir s'ils ont le droit de conduire le pays au désastre.

TESTEZ VOTRE VOCABULAIRE

Vous savez ce que c'est, L'ALCOOTEST ?

Un soufflé aux amendes.

ALCOOLIQUE **Un alcoolique, c'est quelqu'un que vous n'aimez pas et qui boit autant que vous.**

ALLER-RETOUR Je ne suis pas allé partout, mais je suis revenu de tout.

AMITIÉ J'ai connu une pute qui a bien compris que ses meilleures amies, c'étaient ses jambes. Et qui a bien compris aussi que, souvent, il fallait écarter ses meilleures amies !

AMNISTIE Faire sauter une contravention, y a rien de plus simple. Vous la mettez dans votre main, vous la lancez en l'air et le tour est joué : elle saute !

AMOUR ♦ **L'amour, c'est comme la grippe : on l'attrape dans la rue, on le résout au lit.**

♦ **C'est pas parce que l'homme a soif d'amour qu'il doit se jeter sur la première gourde venue.**

♦ **Jean-Paul Belmondo déclare dans VSD : « L'amour, c'est le calme, la paix, la tranquillité. » À mon avis, il s'est gouré, il a confondu avec la sieste.**

ANARCHISTE « Coluche, vous êtes donc un anarchiste ?
– Dans la vie, oui. Si vous voyiez le bordel qu'il y a sur mon bureau ! »

ANATOMIE Vous savez où se trouve l'appendice d'une femme ? À gauche en entrant.

ANGLICISME J'avais un prof d'anglais qu'était vachement frappé parce que je l'appelais Eagle. L'aigle, en anglais. En fait, je l'appelais Eagle simplement parce qu'il gueulait tout le temps.

ANNIVERSAIRE L'anniversaire, c'est un moment où on s'achète des choses qui ne servent à rien pour en foutre plein la vue à des gens qu'on peut pas voir.

AORTE Dans la salle d'opération, le patient est ouvert d'un bout à l'autre.
« Atchoum !
– Oh merde ! L'aorte… l'aorte… l'aorte est ouverte, fermez l'aorte ! »

TESTEZ VOTRE VOCABULAIRE

Qu'est-ce qu'il faut faire pour devenir ARBITRE ?

Il faut manger avec les mains sous la table !

APPEL « J'ai été condamné à faire 60 heures de spectacle gratuites dans les maisons de vieux. C'est mon travail d'intérêt général. Si je fais appel, on remplacera ça par 60 heures de jardinage.
– Ils te l'ont dit ?
– Non. Mais les feuilles mortes se ramassent à l'appel ! »

APRÈS ♦ Bien mal acquis ne profite qu'après.
♦ La droite a déjà son programme : « Serrez-vous la ceinture encore 5 ans ! Après, vous serez habitués ! »

#NE PAS CONFONDRE

AGENT et **ARGENT** Paul Lederman, mon agent, faut que je vous explique qui c'est : c'est celui qui s'occupe de mon argent en croyant que c'est le sien. Il compte toujours en anciens francs, lui. Il dit pas 10 000 francs, il dit un million… Parce que plus les chiffres sont gros, plus il est content ! Mais quand on parle d'argent, il croit qu'on se moque de lui. J'ai voulu lui raconter une blague, parce qu'il a de l'humour quand même, j'ai commencé :
« C'est un juif pauvre…
– Je t'arrête tout de suite, ça veut rien dire en yiddish. »

ARGENT ♦ Je suis plus heureux que ceux qui sont au chômage ou qui s'emmerdent pour gagner trois ronds. Je tiens à dire que l'argent fait le bonheur !

♦ À la télé, ils disent tous les jours : « Y a 3 millions de personnes qui veulent du travail. » C'est pas vrai : de l'argent leur suffirait !

♦ « Prêtez-vous de l'argent ? – Ben, au début, j'prêtais, mais après j'me suis vite aperçu que je donnais… »

♦ C'est complètement ridicule de gagner de l'argent sans avoir le temps de le dépenser ! Mon imprésario a beau me dire que c'est pour le principe, pas pour l'argent, mais lui, son principe premier, c'est l'argent, alors !

ARMÉE ♦ Vous qui avez des enfants débiles dont vous ne savez que faire, vous qui avez des parents alcooliques dont vous ne savez que faire, faites-les engager dans l'armée. L'armée est une grande famille pour aliénés mentaux.

♦ L'armée, je suis arrivé avec deux valises de certificats médicaux, on m'a dit : « Asseyez-vous là » et je l'ai eu dans le dos ! J'ai fait quatre mois de taule. En prison, on se marrait bien, on jouait aux échecs avec des capsules de bière et, pour rester en taule, je demandais : « Comment faut faire pour rester en taule ? »
Alors on me disait :
« Ben, par exemple, il faut insulter un gradé.
– Bon, ben, c'est lequel d'entre vous le plus gradé ?
– C'est moi.
– Bon, ben toi, va te faire foutre. »

ARTICHAUT L'artichaut, le légume le plus sadomaso : d'abord on lui coupe la queue, ensuite on lui arrache les poils et seulement après on lui bouffe le cul !

ARTISTE ♦ **« Coluche, pensez-vous que ce soit une bonne chose que les artistes s'engagent politiquement ? – Les artistes, ou les nègres, hein ? Je ne suis pas raciste. Alors ça, les racistes, les pédés, les nègres, les Blancs, les vieux, les jeunes, les femmes, tous ceux qui veulent peuvent s'engager. Y a aucun problème. Pourquoi, les artistes, on est différents ? Je sais pas quoi vous dire. Pourquoi pas ? »**

♦ **Si vous prenez des artistes, je dirais de sensibilités différentes, eh bien, il y en a un qui plaît aux personnes âgées, un aux enfants de 8 à 12 ans, un aux adolescents… L'ensemble de l'affaire comble tout le monde. C'est ça, notre profession. C'est une vocation, on aime distraire.**

AUTOPORTRAIT **Je mange beaucoup, je bois autant que je peux, je baise toutes les filles qui se présentent, je fume du hasch, je joue aux courses, j'ai tous les défauts des Français.**

ASCENSEUR C'est pas que je suis gros, c'est juste qu'il est pas très prudent de prendre l'ascenseur avec moi. Sauf si vous voulez descendre, évidemment.

AUGMENTATION **Une augmentation de 140 %, c'est plus de moins de la moitié.**

AVANT ♦ Je les aime bien, les futures mamans, mais longtemps avant, quand elles prennent encore la pilule.

♦ Depuis que j'suis môme, j'entends dire : « C'est fini, c'est plus comme avant. » Eh ben, tant mieux que c'est plus comme avant, parce que, avant, c'était tarte !

AVOCAT **Il y a deux sortes de justice : vous avez l'avocat qui connaît bien la loi et vous avez l'avocat qui connaît bien les juges.**

B... comme baffe

« Les baffes, c'est comme les médailles, quand on les a méritées, c'est trop tard. »

BAC Le bac, je ne crois pas que ça serve à quelque chose. Comme ils disent à Tancarville : « Plutôt que de passer le bac, prenez le pont ! »

BALLON ♦ Un ballon de football n'a rien à faire dans une cuisine, ou alors dans le frigo pour celui qui les aime bien frais.
♦ Ils ont gardé le ballon, les Argentins. Comme ça, chez eux, ils pourront jouer à la balle au prisonnier !

BANANE C'est un Belge qui mange une banane sans enlever la peau, alors y en a un qui lui dit : « Ben, dis donc, tu n'enlèves pas la peau d'la banane ? »
Et lui : « Ben, depuis qu'j'en mange, je sais bien c'qu'il y a dedans, hein ! »

BANLIEUSARD La plus grande erreur qu'ont faite les banlieusards, c'est que, quand ils ont voulu s'évader de Paris, ils se sont évadés tous en même temps.

BARBECUE Le barbecue, en gros, c'est un appareil qui te permet de manger des saucisses pratiquement crues mais avec les doigts bien cuits.

BAROMÈTRE Eh, dis donc, t'as vu ça ? Le chômage remonte. Est-ce que par hasard les élections ne seraient pas finies ?

BASSET Les chiens, il y en a des bien ! Regarde les bassets, par exemple, c'est des chiens qu'ils élèvent dans des tuyaux. C'est avec l'héritage de Pompidou qu'ils font ça. Avec les premiers tuyaux, ils ont fait Beaubourg et, avec le reste, ils élèvent des bassets !

BEAUF Le beauf, c'est le mec qui reproche au gouvernement le mauvais temps en été.

BEAUJOLAIS

Du beau, du jo, du beaujolais – c'est une plaisanterie au 12ᵉ degré !

BÊTE ♦ « Coluche, tu aimes les bêtes ? – Oui. Mais pas toutes. J'aime principalement les bien cuites, les chevreaux, les lapins. »

♦ Quoi qu'on fasse, dès qu'on se met en avant, les petits malins ont tout compris : « C'est de la pub ! » Comme Brigitte Bardot avec sa campagne pour les bêtes d'abattoir, où ceux à qui on ne la fait pas voient une opération publicitaire, alors qu'elle ne tourne plus depuis des siècles…

♦ Si l'on s'occupait autant des hommes que des bêtes, en ce bas monde, ce serait nettement moins le bordel.

BEURRE (NOIR) ♦ C'est un mec qui croise un copain qui a les deux yeux au beurre noir.

« Qu'est-ce qui t'est arrivé ?

– M'en parle pas, j'étais à la messe hier et il y avait une bonne femme devant moi qui avait sa robe prise entre les fesses. J'ai voulu lui enlever, elle s'est retournée et m'a collé un pain !

– Et l'autre œil ?

– Bah, comme j'ai vu qu'elle avait pas aimé, j'ai voulu lui remettre la robe comme elle était ! »

♦ C'est une secrétaire qui arrive au bureau avec un beurre noir. Enfin, avec un œil au beurre noir. Elle dit à sa collègue :

« C'est mon mari qui m'a frappée ! Je le quitte.

– Je le croyais en voyage.

– Moi aussi. »

BÊTISE

♦ **Si le théâtre avait dû faire comprendre aux gens la réalité de la bêtise, Molière y serait arrivé avant nous.**

♦ **« Notre fils fait trop de bêtises, j'vais lui acheter un vélo. Ça lui mettra du plomb dans la tête. La tête et les jantes d'ailleurs.**

– Et tu crois qu'il fera moins de bêtises ?

– Non, mais, déjà, il ira les faire plus loin. »

♦ **C'est vraiment minant d'être aussi bête que moi. Et encore, vous vous rendez pas compte, vous êtes à l'extérieur, moi, j'habite avec, c'est pire !**

TESTEZ votre VOCABULAIRE

Vous savez ce que c'est que l'économie planifiée en URSS ?

Pour le sandwich, quand il manque le pain, il manque aussi le **BEURRE** et le jambon !

BIDE ♦ Un gag toutes les quatre secondes, c'est une chute. Toutes les huit secondes, c'est un effet. Toutes les douze secondes... c'est un bide !

♦ J'ai pratiquement toujours eu de mauvaises critiques et j'ai pratiquement toujours fait le plein. À l'exception de Ginette Lacaze qui obtint de très bons « papiers » et qui fit un bide noir. Hélas ! on n'est même pas sûr que lorsqu'une critique est mauvaise le spectacle soit bon...

♦ Mon poids, je m'en fous. Il y a juste un moment où il faut que je choisisse entre mon bide ou faire creuser les réservoirs de mes motos.

♦ Vous savez comment c'est, notre métier, quand on fait un bide, tout le monde sait pourquoi, quand on fait un succès, personne ne sait pourquoi.

♦ Les filles, c'est mon pognon qu'elles aiment, pas mon gros bide. Et même si j'ai assez de charme pour leur faire oublier mon gros bide, j'en aurai jamais assez pour leur faire oublier mon pognon.

BIGAMIE ♦ La bigamie, c'est quand on a deux femmes, quand on en a qu'une, c'est de la monotonie.

♦ La bigamie, c'est quand on a une femme de trop. La monogamie aussi, voilà !

BIJOU « J'ai acheté un bijou.
– Pour ta femme ou un plus cher ? »

BLÉ ♦ Quand on commence à avoir du blé, ce qui est impressionnant, c'est les dix premiers milliards. Après, on s'habitue vite.

♦ D'accord, je claque du blé, d'accord, mais c'est seulement pour m'obliger à en gagner.

BOIRE ♦ « Un foie, deux reins : trois raisons de boire Contrex. » Mitterrand s'est présenté deux fois pour rien. Ça lui fait trois raisons de boire Contrex.

♦ **Un Belge est mort en buvant du lait. La vache s'est assise.**

♦ **Une gonzesse se plaint à sa copine que son mari boit. Enfin, pas qu'il boit, mais de la manière dont il boit: le genre « M'as-tu bu » en somme. La copine demande: « Mais alors, si tu savais qu'il buvait, pourquoi l'as-tu épousé ?**
– Je n'en savais rien jusqu'au soir, bien plus tard, où, pour la première fois, il est rentré à jeun. »

♦ **Les choses sont très bien réparties dans la nature. Dieu a mis les pommes en Normandie parce qu'il sait que c'est là-bas qu'on boit du cidre.**

♦ **Un conseil aux parents dont le gosse a avalé du sable et du ciment: ne lui faites rien boire !**

#VOUS POUVEZ CONFONDRE

BISON BOURRÉ Boire ou conduire, de toute façon, il faut conduire. Respectez la consigne : rapportez les bouteilles vides au magasin.

BOMBE (ATOMIQUE) Ce qui nous coûte cher en France, je vais vous dire, c'est la bombe atomique ! Il paraît que ça, ça nous coûte la peau des noix. Et puis surtout, tu sais quoi ? Il paraît qu'elle est toute petite, notre bombe atomique. Et que si jamais y avait des vrais pays qui viendraient nous casser la gueule, on serait ridicules, avec notre petite bombe atomique. Et ça nous coûte la peau des noix ! Finalement, cette bombe fait de nous des assassins en impuissance. Et à quel prix ! C'est con !

BONHEUR ♦ Il n'y a qu'une chose qui le préoccupe, lui, c'est le bonheur de sa femme. À tel point qu'il vient d'engager deux détectives pour en découvrir les raisons !

♦ Vous savez ce que c'est que le bonheur en URSS ? Eh bien, c'est quand vous êtes réveillé la nuit par la milice qui vous dit : « C'est ici Ivan Ivanovitch » et qu'vous dites : « Non, c'est en dessous. »

BOUCHE La dernière fois que j'ai vu une bouche comme la tienne, y avait un hameçon de planté dedans !

BOUILLON Conseil aux athées : buvez du bouillon. Normalement, y a pas Dieu dans le bouillon !

BOULOT ♦ Le travail n'est pas un but dans la vie. Le but, c'est d'arriver à rien foutre. Et à part gangster et homme politique, y a pas beaucoup de boulots où on peut gagner de l'argent sans se fatiguer.

♦ C'est une femme qui dit à son mari :

« Allez, feignasse, va faire les courses.

– C'est pas un boulot de mec, ça !

– Alors t'as qu'à faire le boulot de mec !

– Bon, si c'est ça, je vais faire les courses ! »

BOXE J'ai connu un mec qui pour rassurer sa mère après un match de boxe lui a dit : « J'ai pas gagné, mais j'ai fait deuxième ! » Tu sais que pour être troisième à la boxe, il faut être balèze.

BOOMERANG **Je voulais vous raconter une histoire de boomerang mais je ne m'en rappelle plus. Enfin, c'est pas grave, ça va me revenir.**

Ne pas

CONFONDRE

Vous savez la différence entre les filles et les garçons ?

Les garçons font pipi avec un **CRAYON**, les filles avec une **BROSSE** !

BOXER Les boxers, au départ, c'est des chiens ordinaires. Sauf qu'ils ont pris une porte dans la gueule quand le cartilage était pas sec.

BRAQUEUR Un homme a fait un casse avant de déposer le butin à l'agence d'en face : voilà un braqueur qui a de la Suisse dans les idées.

BRETELLES **J'ai une petite histoire : elle se passe dans une librairie et elle se passe de commentaire aussi... C'est un mec qui entre dans une librairie donc et qui dit :**

« Je voudrais une paire de bretelles bleues.

– Ah, monsieur, on a pas ça ici...

– Tant pis pour vous, vous perdez un client. »

C... comme colucHiste

« Politiquement,
je suis coluchiste
et des comme moi,
on est deux mais l'autre
veut pas dire son nom. »

CABINET Le problème des hommes politiques, c'est qu'y a pas de place pour tout le monde dans les cabinets ministériels ! Bah oui, y a un loquet ! Et c'est pour ça que les autres font de drôles de gueules !

CAFÉ Je connais un très bon café. Encore plus efficace que la mauvaise conscience pour rester éveillé.

CAFÉ-THÉÂTRE ♦ Quand j'étais au café-théâtre, j'ai vu un mec monter sur scène pour faire une photo de sa femme dans la salle. Évidemment, pendant le spectacle !

♦ Les arènes de Nîmes, c'est pas comme au café-théâtre, là-bas, le comédien n'est pas à 20 centimètres du public. Les sourcils, faut qu'il les fasse avec le coude !

♦ J'ai vu un mec qui faisait un one-man-show au café-théâtre et qui bâillait ! T'as qu'à voir l'état dans lequel on était dans la salle ! Y a pas pire que ça. À part peut-être ceux qui ont vu des récitals de Régine ou des choses comme ça.

TESTEZ *votre* VOCABULAIRE

On parle souvent du boulevard des Filles-du-CALVAIRE mais on parle pas souvent du CALVAIRE des filles du boulevard !

CANCER **J'ai pas le cancer. Pour une raison simple, c'est que j'ai pas vérifié.**

CAPITALISME J'ai lu *Le Capital*. L'avantage du *Capital*, c'est que pour expliquer le communisme, il commence par expliquer le capitalisme. Ce qui fait que t'as pas besoin d'acheter un autre livre.

CARRIÈRE ♦ **Si vous regardez bien ma carrière, j'ai commencé par être célèbre au music-hall. J'ai pas été à plaindre au café-théâtre parce qu'on a lancé un genre aussi, j'ai fait partie de la génération qui l'a créé, et non pas de ceux qui ont seulement suivi un mouvement. Ça, c'est vachement fort dans le public. Au music-hall, j'ai vraiment démodé pas mal de monde…**

♦ J'aimerais bien faire une carrière américaine. Parce qu'il y a deux choses avec lesquelles il ne faut pas plaisanter dans la vie, c'est l'argent et les dollars.

#NE PAS CONFONDRE

CAVIAR et **LENTILLES** C'est un Belge qui va manger dans un grand restaurant, n'est-ce pas, et puis alors on lui dit: « Ça va, tout va bien, vous êtes content?
– Oui, je suis content, mais dites donc, ce que vous m'avez vendu, comment ça s'appelle, comment les appelez-vous ces **LENTILLES**, là?
– On appelle ça du **CAVIAR**.
– Oui, ben, dites donc, elles sentent le poisson, vos lentilles. »

CHANTEUR Il y a deux genres de chanteurs, ceux qui chantent juste et ceux qui chantent tout juste.

CHEF Un chef, c'est un type qui a une mentalité d'employé, mais qui ne veut pas le rester.

CHEVAL ♦ **C'est un môme qui rentre de l'école: « Maman, maman, il faut que je change d'école.
– Mais pourquoi?
– Notre institutrice est nulle. Elle n'a jamais vu de cheval.
– Comment ça?
– Ben oui, j'ai dessiné un cheval et elle m'a demandé ce que c'était. »**

**♦ C'est une bonne femme qui vient voir le vétérinaire. Elle lui dit: « Voilà, vétérinaire, j'viens vous voir, c'est pour mon mari Gustave.
– Mais faut aller voir un médecin pour votre mari, moi, je soigne que les animaux...
– Justement, c'est rapport avec ce que vous lui avez dit.
– Bon, qu'est-ce qu'il a, votre mari?
– Voilà, il suffoque, il est tombé les bras en croix su'l'carreau dans l'écurie et puis y suffoque.**

TESTEZ *votre* VOCABULAIRE

Vous savez la différence entre Serge Gainsbourg et un CHAMEAU?

Le chameau peut travailler huit jours sans boire, alors que Gainsbourg peut boire huit jours sans travailler.

– Et alors, quel rapport ? Moi, je lui ai donné un remède pour le cheval…
– Oui, ben, justement, vous lui avez donné un tuyau parce que le cheval, il avait d'l'aérophagie et vous lui avez dit il faut l'mettre dans l'cul du ch'val et puis faut souffler fort pour qu'ça lui fasse une poche d'air…
– Oui.
– Eh bien, figurez-vous qu'il l'a fait mais c'est le cheval qu'a soufflé le premier ! »

CHEVEU ♦ Chez des personnes comme Thatcher, les cheveux sont une maladie de la tête : ils poussent n'importe comment, même à l'intérieur, malaxent le cerveau, et nous, nous en subissons les conséquences.

♦ Dans le livre de Rika Zaraï, y a un truc pour ne pas perdre ses cheveux. Moi, je sais ce qu'il faut faire pour ne pas perdre ses cheveux : il faut se frotter la tête avec du papier à chiotte. Parce que moi, je me torche le cul depuis des années et il ne me manque pas un poil.

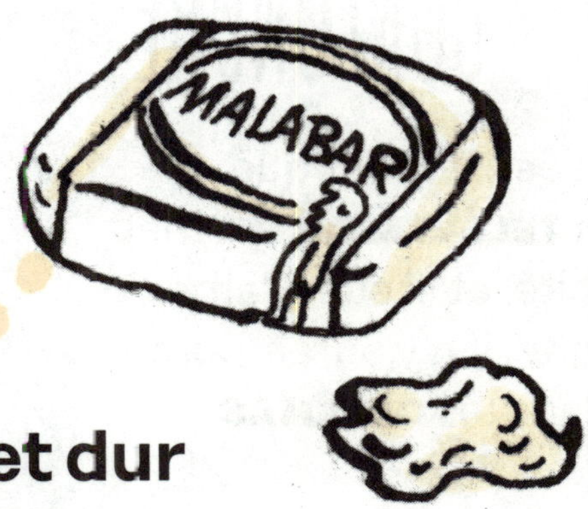

TESTEZ VOTRE VOCABULAIRE

Qu'est-ce qui rentre sec et dur et qui sort mou et mouillé ?

Un **CHEWING-GUM** !

CINÉMA ♦ **Le cinéma, j'y vais jamais. Faut pas confondre, mon métier, c'est comédien, pas spectateur. On peut pas demander à un fossoyeur d'aimer être mort!**

♦ **Vous avez remarqué? Les salauds au cinéma sont toujours punis à la fin, tandis qu'à la télé, c'est toujours les mêmes.**

♦ **Au cinéma, à Brest, on joue *La marée était en noir*, avec Jeanne Moreau.**

♦ **Ils sortent un film cette semaine: *Femme entre chien et loup*. Si elle ne se fait pas mordre, celle-là, elle aura du bol.**

♦ **En général, je vais pas au cinéma parce que je me fais beaucoup chier... Alors l'avantage de la cassette, c'est que la demi-heure chiante, tu la passes en accéléré et puis voilà. Mais quand t'es au cinéma, il te manque le bouton.**

♦ **Je préfère le cinéma américain. Chez nous, c'est habituel de penser qu'il est normal qu'il y ait une demi-heure de chiant dans un film.**

Ne pas CONFONDRE

Il est évident que la **TÉLÉVISION** est mal faite, et si elle était bien faite, il n'y aurait personne dans les **CINÉMAS**.

Le **MUSIC-HALL**, c'est dur, le **CINÉMA**, ça ne l'est pas! Ceux qui disent le contraire n'ont pas de mémoire ou n'ont jamais bossé ailleurs parce que c'est carrément pas du travail. Le soir, il faut des fois que je rentre en courant du studio, sans ça, je suis pas crevé pour dormir.

#NE PAS CONFONDRE

TESTEZ *votre* **VOCABULAIRE**

Vous savez comment on appelle en Israël un bébé de trois mois qui n'est pas CIRCONCIS ? Une fille.

CLOWN ♦ **Ce qui me motive le plus, ce qui m'amuse vraiment, c'est de monter sur un plateau, de taper du pied et d'entendre les gens se marrer. Moi, pour le coup, je suis un clown, tu vois.**

♦ **Ah ! si je pouvais passer entre Giscard et Chirac, avec le nez rouge, dans le quart d'heure ! Le mec qui serait élu, il l'aurait été contre un clown. C'est ça qui est embêtant, on pourrait toujours lui dire, historiquement : « Ce jour-là, vous avez gagné contre un imbécile au nez qui clignotait. »**

TESTEZ *votre* VOCABULAIRE

Vous savez comment on appelle l'endroit, dans une Mini-Austin, où on met ses papiers, un paquet de cigarettes, une paire de gants et un mouchoir ?

Le **COFFRE.**

COLUCHE **Coluche en campagne, c'est une boîte vide dans laquelle on a envie de gueuler, parce que ça résonne.**

COMÉDIEN Comédien, c'est un métier qui s'apprend à partir de soi-même. Ça a un nom de maladie : égocentrisme.

#NE PAS CONFONDRE

Pour faire un mauvais **MUSICIEN**, il faut au moins cinq ans d'études. Tandis que pour faire un mauvais **COMÉDIEN**, il faut à peine dix minutes.

COMIQUE **L'art du comique, c'est donner l'impression qu'on fait n'importe quoi quand on a travaillé dix heures sur une mimique ou une phrase.**

COMMUNISME Le communisme, c'est une des seules maladies graves qu'on n'ait pas expérimentées d'abord sur les animaux.

CONCOURS ♦ C'est un concours pour être garde du corps du président de la République. Il faut soulever 200 kilos, serrer la main à un gorille et passer la nuit avec une négresse, une vraie bouffeuse d'homme, et lui faire rendre grâce. Un petit mec arrive devant l'examinateur qui se marre tellement le mec est maigue, tout petit, tout maigue. Mais bon, tout le monde a le droit d'essayer, alors, il le laisse faire. Le petit mec entre dans la première pièce, soulève les 200 kilos comme qui rigole, file dans la deuxième pièce, celle du gorille, on entend des cris, des hurlements, des grands bruits, puis finalement le petit mec en ressort sans une égratignure et demande : « Bon, et maintenant elle est où, cette négresse, que je lui serre la main ? »

♦ Nous organisons un grand concours de chèques à mon nom. Le plus gros a gagné.

♦ Grand concours de plaisanteries politiques en URSS. Premier prix : dix ans de Sibérie !

CONSCIENCE (PROFESSIONNELLE) À propos d'un arbitre détestable : je remercie beaucoup cet homme-là d'avoir eu le courage de sa lâcheté, parce que, vraiment, être aussi minable et le savoir, c'est bien !

TESTEZ VOTRE VOCABULAIRE

Vous savez ce que c'est qu'un CONCOURS hippie ?

C'est une course de cheveux !

CONSEIL J'ai un conseil à donner aux automobilistes qui veulent garder leur voiture en parfait état jusqu'à la fin de leur vie : roulez bourrés. En roulant bourré, votre voiture sera comme neuve jusqu'à la fin de vos jours, mais la fin de vos jours risque d'être rapide !

CONTAGION C'est un b... un be... un bè... un bègue qui a une lap... lapine. Tu vois un an... animal, tu tu tu vois, féminin quoi, comme un lapin lapin lapin, s'tu veux, mais en en en fille. Une lap... lap... lapine. Alors, il dit à une copine à lui : « Tu veux pas m'la garder pendant pendant les les vacances ? » Alors la gonzesse, elle garde la la la lapine et pis alors, tout ça, le mec y va en va... en vacances et pis alors il rencontre le mari de la gonzesse à qui il a donné la, la, la, lapine à garder, et le mec pendant les vacances, il a attrapé la ch... la ch... la chaude p... de p... de pisse, la chaude-pisse, à fond, la tour d'ailleurs aussi, la tour de pisse et alors le mec, il voit son pote et alors il lui dit :
« Eh, t'as ma la..., t'as ma la..., t'as ma lap... aa... pine... t'as mal à la pine ? »
Et l'autre lui dit : « Oui, comment tu le sais ?
– Parce que je l'ai refilée à à à ta femme avant d'partir. »

CORDONNIER Il paraît que ce sont les cordonniers les plus fraudeurs. Sûrement que ce sont les hommes politiques, alors, qui sont les plus mal chaussés !

COUGAR Une strip-teaseuse de 75 ans fait fureur en Angleterre. Elle, c'est Alice au pays des cartes Vermeil !

COURAGE Collaro, c'est un garçon qui a énormément de courage : tu en ferais, toi, de la radio si tu étais pas doué ?

COURONNE C'est le dentiste qui dit à son patient :
« Votre dent est morte, on va lui faire une couronne ! »

#NE PAS CONFONDRE

On dit pas un **STYLO** noir, on dit un **CRAYON** de couleur.

CULOT **Il faut quand même être gonflé pour faire ce métier-là. C'est un culot énorme de monter sur une scène et de dire à des gens qu'on ne connaît pas: « Et maintenant, vous allez rire ! »**

CROCODILE C'est deux mecs qui sont tombés sur une île déserte et, au bout d'un moment, y en a un qui dit à l'autre:
« Bon, alors écoute, on a tout résolu les problèmes, on a résolu le problème du logement, on s'est construit des huttes, on s'est résolu le problème de la nourriture, on cueille des fruits, on attrape des bêtes et maintenant faudrait qu'on résolve le problème du sexe. Alors voilà c'que j'te propose, on fait des devinettes. Si tu gagnes, c'est toi qui fais la femme. Si tu perds, c'est moi. Qu'est-ce qui a des plumes et qui fait cocorico?
– Un crocodile.
– Bravo, bonne réponse ! »

CRU(E) C'est le même problème que les pommes cuites: les hommes politiques ne sont jamais crus.

CULTURE C'est officiel, la culture a moins d'1% dans le budget de la France. On l'a échappé belle ! Qu'est-ce que j'aurais pas aimé être artiste dans un pays où la culture aurait eu 25%. Être obligé de jouer Shakespeare !

CURRICULUM **C'est un chômeur qui arrive à l'ANPE et qui dit:**
« Je cherche un emploi, j'ai 1 femme et 10 enfants.
– Et à part ça, vous savez faire quoi ? »

D… comme doué

« J'ai toujours entendu dire : "Faire rire, c'est ce qu'il y a de plus difficile." Personnellement, c'est ce que je connais de plus facile. C'est comme pour la plomberie, si t'es pas doué, c'est pas la peine. »

DANSEUSE J'adore les danseuses, j'aime beaucoup les petits rats, mais j'en ai pas chez moi à cause des petites crottes...

DATE « Ça y est, le chômage va s'arrêter. Il y a une date : au printemps. Ils avaient dit qu'il s'arrêterait vers janvier, maintenant ils disent le chômage, c'est un problème qu'on aura jusqu'au printemps.
– De quelle année ?
– Ah bah, ça, ils ne l'ont pas encore dit. »

DÉCAPOTABLE Deux amis discutent : « Nous flirtions dans la voiture, elle m'a dit : "Il fait tellement beau, tu devrais ouvrir la capote." Tu me croiras si tu veux, j'ai mis 1 h 20 !
– Mais comment tu fais ? Moi, je mets 30 secondes...
– Oui, mais toi, tu as une décapotable ! »

#NE PAS CONFONDRE

DÉCODEUR et **BALANCE**
Ma mère, elle est montée sur le décodeur de Canal + et elle a dit : « Merde, elle marche plus, ma balance ! »

**DÉLATION C'est un mec qui traverse le bois de Vincennes la nuit et il est accosté par plein de mecs. Alors il s'approche d'un flic et lui dit : « Dites-moi, y a que des homos par là... »
Et le flic, en clignant des yeux : « Rapporteuse ! »**

DENT ♦ J'ai une dent fausse juste devant, elle remplace celle que j'avais cassée quand j'étais petit. Mais comme elle est de mauvaise qualité, ça ne se voit pas : on croit qu'elle est aussi pourrie que les autres.

♦ On n'a jamais pu me dire à quel âge ça poussait, les dents en or.

♦ On a demandé à un Suisse à quoi on reconnaissait un poulet tendre. Il a répondu : « Aux dents.
– Mais ça n'a pas de dents, un poulet…
– Non, mais je parle des miennes. »

♦ Une très bonne combine pour vous éviter de vous ronger les ongles : faites-vous arracher les dents.

♦ Dans le bouquin de Rika Zaraï, je vois : « Que faire quand vous avez les dents jaunes ? Très simple : portez une cravate marron. »

Ne pas CONFONDRE

DIPLOMATIE et **DÉMAGOGIE**
Il paraît que je suis démagogue. La diplomatie ressemble beaucoup à la démagogie. La première est une qualité, l'autre un défaut.

DENTIER ♦ C'est deux vieux qui se roulent un patin et, au bout d'un moment, le vieux se retire et dit à la vieille :
« T'as pas vu mon dentier ?
– Non, pourquoi ?
– Parce que j'ai envie de te mordre, mon amour ! »
♦ C'est le bombardement en Israël et les coups se rapprochent de la maison. Une femme dit à son mari :
« Moïse, dépêche-toi, Moïse, viens vite, viens vite, il faut s'en aller !
– Attends, je trouve pas mon dentier, répond le mari.
– Quoi, le dentier, tu crois qu'ils vont te bombarder avec des sandwichs ? »

DENTISTE C'est une femme qu'a émail à partir avec le dentiste. Elle est dans le fauteuil et le mec s'approche pour opérer. À ce moment-là, elle lui chope les valseuses à travers le froc, les serre à fond, laisse la main et elle lui dit : « Maintenant, mon garçon, on va essayer de faire gaffe tous les deux et de se faire mal ni l'un ni l'autre. »

DERRIÈRE ♦ J'ai le derrière plus large que les épaules. Avec un costume, j'ai l'air d'être dans un sac.
♦ Une concierge d'immeuble vient d'avoir son dix-huitième enfant alors qu'elle n'a que 24 ans, vous voyez le coup... Interrogée par les docteurs pour savoir qui étaient les pères des enfants, comment c'est arrivé, tout ça, elle a répondu : « Si vous croyez que j'ai le temps de regarder derrière moi quand je fais l'escalier... »

DETTE ♦ « Tu te fous de ma gueule, tu me dois de l'argent depuis plus de dix mois, je t'aurai attendu plus que ta mère...
– Ne t'inquiète pas, je vais te le rendre !
– Je te préviens, c'est la dernière fois que je te le demande !
– Oh, merci ! »
♦ Y a Moshé qu'est dans un bar, et soudain, derrière lui, un type lui tape sur l'épaule. Sans même se retourner, il dit aussitôt : « Eh, moi aussi, on m'en doit ! »

DIFFÉRENCE C'est fabuleux ! L'usine va virer la moitié des effectifs et qu'est-ce qu'ils font, les syndicats ? Ils font la grève ! Les patrons n'ont déjà plus à payer les ouvriers, mais, en plus, à partir de maintenant, ils gagnent la différence. Soyez gentils, faites la grève le plus vite possible quand on vous parle de licenciements ! Comme ça, les patrons gagneront la différence.

DINDE-KANGOUROU Pour Noël, j'ai commandé une dinde-kangourou. C'est le croisement d'une dinde et d'un kangourou. L'avantage, c'est qu'on peut la farcir de l'extérieur.

DIRECT On apprend qu'un animateur de TV suisse s'est endormi hier soir à l'antenne ! Il devrait faire un direct de son lit : ça lui reposerait les jambes !

DISTRIBUTION On distribue (euh... que je vous dise pas de conneries, parce que j'ai pas le papier) quatre fois par semaine une plaquette de beurre par famille et... non, trois fois par semaine du beurre, et quatre fois par semaine un litre de lait. Par famille. Celui qui vient chez nous, il passe devant un comptoir, il dit ce qu'il veut, il l'emmène, il en prend pour autant de gens qu'il veut, y compris pour sa voisine, personne ne lui demande une vérification quelconque, il emporte tout ça chez lui, et il est obligé de dire à personne qu'on lui a donné, c'est de la nourriture qui a l'air de sortir du Prisunic. Alors, peut-être on peut trouver plus humain comme distribution, mais franchement, j'ai pas trouvé.

DIVORCE ♦ Devant le tribunal, ou plutôt dans le tribunal, enfin au tribunal quoi… une femme gueule: «Je veux le divorce! Mon mari est toujours fin saoul, et d'ailleurs il a vendu toutes mes casseroles pour s'acheter à boire.»
Le mari intervient:
«Moi aussi, je veux divorcer. Elle a mis un mois avant de s'apercevoir que les casseroles n'étaient plus là.»
♦ C'est un type qui dit à un de ses copains:
«Je vais divorcer.
– Ah bon?
– Oui. Tu supporterais, toi, d'être avec quelqu'un qui boit, qui fume et qui rentre à n'importe quelle heure?
– Non!
– Eh bien, ma femme non plus.»

DOIGT C'est un enfant qui rentre de l'école, il a 17 ans, il est un peu en retard pour son âge, et sa mère lui demande: «Tu as fait des progrès à l'école aujourd'hui?
– Oui, maman, j'ai appris à compter sur mes doigts!
– Ah, c'est bien, dit la mère, fais voir…
– Un doigt, un doigt, un doigt, encore un doigt et un aut' doigt!»

#NE PAS CONFONDRE

DORYPHORE et **MORPION** C'est un type qui a eu un accident et à qui on a été obligé de… on lui a… si vous voulez… on a été obligé de les lui enlever et de les remplacer par des pommes de terre. Il a déclaré:
«Tout va très bien sauf qu'avant j'avais des morpions, maintenant j'ai des doryphores!»

DOUTE ♦ **Les politiciens, ils commencent toujours par croire ce qu'ils disent et finissent toujours par avoir des doutes. C'est comme la religion : le mec qui entre dans les ordres quand il est jeune, il a plus de chances de croire en Dieu que celui qui en sort pape.**

♦ **Moi, j'ai un copain qui vote pour le même depuis des années, et le type n'est jamais élu. À tel point que mon copain se demande s'il est pas mort !**

TESTEZ VOTRE VOCABULAIRE

Tu sais quand on peut commencer à avoir des DOUTES sur sa femme ?

Quand on habite Rouen, qu'on déménage à Montélimar et qu'on a toujours le même facteur !

VOUS POUVEZ CONFONDRE

DROITE et **GAUCHE** Quelle est la différence entre la gauche et la droite ? Y en a pas !
La droite vend des promesses et ne les tient pas, la gauche vend de l'espoir et le brise.

DOUZAINE C'est un mec qui commande une douzaine d'huîtres au restaurant. On lui apporte, il les compte, il y en a 10. Il appelle le garçon et lui dit : « Je vous avais demandé une douzaine d'huîtres, vous m'en avez apporté que 10 ! »
Le garçon lui répond :
« Oui, y en avait 2 de mauvaises quand on les a ouvertes en cuisine, alors on s'est permis de les jeter. »

DRAGUER **La meilleure solution pour draguer une gonzesse, c'est de vous assurer le plus vite possible qu'elle veut à tout prix vous sauter et, à partir de ce moment-là, laissez-vous faire mais pas trop facilement !**

E… comme excès

« Les excès,
c'est ce que je fais
de mieux. »

ÉCOLE **Je suis persuadé que si on fouillait la vie des hommes politiques, on verrait qu'à l'ENA ou à l'école, ils ont monté une pièce ou joué dedans… Avec les mêmes qualités, on peut finir aujourd'hui bouffon, avocat, journaliste de télé ou homme politique.**

EAU (DE TOILETTE) Alors, c'est un Belge qui dit à son collègue, comme ça : « Tu sens drôlement bon, toi, hein !
– Ben, il dit, oui, je sens bon, c'est parce que je me mets de l'eau de toilette.
– Ah, ben ça, c'est un truc que je n'aurais vraiment pas pensé, hein, de l'eau de toilette ? »
Et le lendemain, le Belge revient voir son collègue avec un gros pansement sur la tête.
« Qu'est-ce qui t'est arrivé ?
– J'ai fait comme toi, j'ai voulu me mettre de l'eau de toilette et puis le couvercle m'est retombé dessus. »

ÉDUCATION (SEXUELLE) ♦ **Les parents d'élèves sont contre l'éducation sexuelle dans les écoles primaires. Forcément, tout ce qu'on apprend à l'école, on en est dégoûté à vie.**
♦ **C'est l'institutrice qui dit : « Aujourd'hui, nous allons étudier le comportement sexuel chez les abeilles et les papillons… Ceux qu'ont déjà baisé vont jouer au ballon dans la cour ! »**

ÉDUCATION (TOUT COURT) À des étudiants venus l'écouter, Coluche tient des propos sur l'éducation : « Les parents disent toujours aux enfants : "Rangez-moi ce désordre ! Allons, remettez un peu d'ordre là-dedans !", etc. Ils ont, eux, les parents, un tiroir fermé à clef que jamais tu n'ouvres. Un jour, tu as la clef et tu regardes… et dedans, c'est un de ces bordels ! »

ÉGALITÉ Je vais organiser une conférence sur l'égalité des sexes. Il y a en effet des grands, des petits, des longs, des larges, des maigres et c'est dégueulasse : il faut que ça cesse !

ÉLASTIQUE ♦ Accident d'une fusée belge. Elle s'est enfoncée dans la terre au démarrage. À mon avis, ils avaient monté l'élastique à l'envers.

♦ C'est un garçon qu'était pas malin, il s'est pendu avec un élastique, on l'a retrouvé écrasé au plafond, hein ! Même, je sais que quand il était petit, il avait échoué à un examen d'urine. C'est pour vous dire ! C'est lui qui disait tout l'temps : « J'ai appris qu'il fallait cueillir les cerises avec la queue, je suis t'embêté ! J'avais déjà du mal avec la main, hein ! »

TESTEZ VOTRE VOCABULAIRE

Vous savez la différence qu'il y a entre une grand-mère italienne et un ÉLÉPHANT ?

Environ 10 kilos.

#NE PAS CONFONDRE

Des nouvelles de la presse. Cette semaine, je suis dans **LUI.** Je préfère quand je suis dans **ELLE.**

Dans le bois, je te dis pas le temps qu'il fait : tu y vas pour ramasser un bel **ENGIN,** tu reviens avec une belle **ANGINE.**

ÉPHÉMÉRIDE ♦ Aujourd'hui, on est jeudi. On s'en fout, ça change tous les jours.

♦ Quel jour on est aujourd'hui ? Vendredi. Quel beau nom pour un Noir !

ÉPITAPHE ♦ Faut pas rire avec les fleurs qu'on met sur les tombes, faut pas rire avec les tombes ! Moi, j'ai trouvé ce que je mettrai sur ma tombe : Circulez, y a rien à voir… Partir, c'est crever un pneu… Et pis… taf !

♦ Moi, personnellement, j'ai mis dans une enveloppe ce que je mettrai sur mon épitaphe en partant. C'est : « Démerdez-vous ! » Moi, j'ai fait ce que j'ai pu, je vais faire ce que je peux pour faire marrer, je vais faire ce que je peux pour intéresser les gens, les surprendre, les amuser… Je vais faire mon métier.

ÉPOUSER C'est un mec qui vient voir un vieux et qui lui dit: «J'ai l'intention d'épouser votre fille!
– Mais vous avez vu ma femme?
– Oui, mais je préfère quand même épouser votre fille.»

ÉROGÈNE Les zones érogènes, vous pouvez pas vous tromper, c'est celles qui font le plus mal quand on se cogne.

ESPOIR Les médecins belges viennent de se mettre en grève pour une durée illimitée. Les malades reprennent enfin espoir.

ÉTANCHE Si je suis élu, j'ordonnerai la construction d'une fusée Ariane étanche car elle a l'habitude d'aller à l'eau directement.

ÉTAT (D'ESPRIT) ♦ En France, t'as des grilles au square, ça ferme la nuit! C'est un état d'esprit.
♦ État présent de mon esprit: encombré.

ÉTAT (DE GRÂCE) Au début du septennat, y a toujours un état de grâce. Eh ben, au début, c'est les trois mois et, au bout d'un an du nouveau gouvernement, la garantie est foutue.

Ne pas CONFONDRE

Les étrangers devraient comprendre une chose: il vaut mieux être en bon **ÉTAT DE SANTÉ** qu'en mauvais **ÉTAT D'ARRESTATION.**

EXCEPTION ♦ Le 16ᵉ, c'est le seul arrondissement où les épiciers ont le bac et où les Arabes sont italiens.
♦ C'est un mec qui dit à sa femme: «Les femmes m'ont toujours réussi.
– Oui, sauf ta mère!»

EXAGÉRER

Pauvre, moche et grosse: y en a qui exagèrent!

F… comme franchise

« Dans les déclarations de sportifs, c'est comme dans les déclarations d'hommes politiques : la franchise ne consiste pas à dire ce qu'on pense, mais à penser ce qu'on dit. »

F

#NE PAS CONFONDRE

FAIM et **FIN** C'est bizarre de commencer une grève de la faim, ça dépend comment on écrit fin, tu me diras, mais quand même, c'est bizarre comme expression.

FAINÉANT Tellement il est fainéant, il fait même pas son âge, celui-là !

FAMILLE ♦ **Chez moi, c'est bizarre, on s'est toujours mariés en famille. Mon père a épousé ma mère, mon grand-père ma grand-mère, mon oncle ma tante et ainsi de suite.**

♦ **Toute ma famille est dans la prostitution. Sauf ma sœur : elle a été étouffée à l'oral.**

♦ **Dans « l'excellent » journal *Le Parisien,* on apprend que le comédien Daniel Auteuil a fait opérer son chien qui avait bouffé 76 pièces de monnaie. Donc, si vous avez des gens dans votre famille qui vous bouffent de l'argent, sachez que ça s'opère !**

FAST-FOOD On a ouvert un fast-food sur la place Rouge : on y mangera sans doute à la carte… du Parti.

TESTEZ VOTRE VOCABULAIRE

On dit un jour **NÉFASTE** ou une journée **FASTE** ?

FEMME ♦ **Je tiens à dire que la femme idéale, c'est une femme qui fait la cuisine, qui fait le ménage et qui est là quand on a besoin d'elle, que la mienne n'est pas du tout comme ça et que j'en suis ravi.**

♦ **Il paraît qu'il y a sur Terre une femme qui donne naissance à un enfant toutes les deux secondes. Il faut absolument la trouver pour l'empêcher de continuer !**

♦ **Un journal féminin à grand tirage, c'est normal que ça fasse le bonheur des femmes !**

♦ **Si par exemple vous avez une femme et que vous ne savez pas quoi en foutre, vous vous bourrez la gueule et vous la faites conduire. Voilà, on a trouvé un usage pour les bonnes femmes.**

♦ **En général, on épouse une femme, on vit avec une autre et on n'aime que soi.**

FESTIVAL ♦ Le Festival de Cannes est ainsi appelé parce qu'il n'y a que des vieux.

♦ Cannes ? Une poignée de gens décide de la qualité et des défauts du cinéma français et international. C'est un peu le principe du bien et du mal. Je ne suis pas fana des récompenses. Qu'ils se rassurent, s'ils me donnent un prix, je ne les enverrai pas ch… Je veux bien recevoir deux prix d'interprétation.

Ne pas CONFONDRE

Tu sais pourquoi il n'y a pas un seul prix pour les comiques dans les récompenses cinématographiques ? Parce que personne dans les jurys n'ose dire : « Moi, j'ai jugé que ce film-là était drôle et que celui-ci n'était pas drôle. » Personne ne veut parler sur **LES FILMS COMIQUES**, alors que sur **LES FILMS CHIANTS**, tout le monde a un avis !

FIDÉLITÉ Je suis pour la fidélité dans le couple. À condition qu'on n'ait pas à se forcer.

FINI Tout ce qui est fini cesse de m'intéresser.

FIGURANT ♦ Avec mes potes on avait repéré une bonne planque : les figurants de cinéma, tu sais ceux qui se la coulent dans le fond. Ignorant comme j'étais, j'ai rien trouvé de mieux que d'aller demander à la caissière du cinéma de mon quartier comment on devenait figurant !

♦ Que tu sois jeune, femme, arabe, noir, tu peux passer à la télé, mais t'as pas le droit d'y parler. Le truc c'est : « Bon, on vous invite quand même, mais par contre vous êtes gentil, vous fermez votre gueule ! »

FILM ♦ À un journaliste curieux de connaître les rêves d'acteur de Coluche, ses désirs, ses ambitions cinématographiques :
« Un film où j'aurais un rôle très court et très bien payé ! »
Au même, s'intéressant cette fois aux satisfactions apportées à Coluche par le métier d'acteur :
« De l'argent ! »

♦ Vous avez 9 ans, vous voulez aller voir les films interdits aux moins de 18 ans, une seule solution : allez les voir deux fois !

♦ Je lis pas l'annuaire, moi, j'attends qu'on l'adapte au cinéma, j'irai voir le film.

FLEUR La fleur que j'aime : le coquelicot.

FLIC ♦ Si on réfléchit cinq minutes, on s'aperçoit que, finalement, c'est pas facile comme métier, flic. Mais cela dit, ils n'ont qu'à pas le faire.

♦ Les gens se plaignent de la sécurité. Alors on leur met plus de flics dans la rue. Mais c'est tout le temps dans les mêmes ! Quand vous voyez un flic dans la rue, c'est qu'y a pas de danger… S'il y avait du danger, le flic serait pas là.

♦ Journal des cons et des malcomprenants : Deux flics se sont fait tabasser. Ce n'est pas une information… mais ça soulage !

♦ On devrait créer la LNFPQLFNFLP : la Ligue nationale française pour que les flics nous foutent la paix !

#NE PAS CONFONDRE

Le **FLIC** qui a violé des filles, ils l'ont fait passer devant un psychiatre pour savoir s'il n'était pas dingue. C'est marrant, ils font toujours ça après, pourquoi ils le font pas avant ? Il y aurait peut-être moins de monde dans la police !

TESTEZ VOTRE VOCABULAIRE

Tu sais ce qu'il faut pour faire un bon flic ?

Un jeu de cartes et un décapsuleur.

FOIE **Quand je mourrai, je veux léguer mon corps à la science, et mon foie à la charcuterie.**

FONCTIONNAIRE Fonctionnaire, c'est un peu comme bouquin dans une bibliothèque : plus t'es placé haut, moins souvent tu sers !

 # VOUS POUVEZ CONFONDRE

La qualité que je préfère chez une femme : la **FORME** et le **FOND**.

FOOTBALL **Est-ce que tu te rends compte que le football est un sport qui théoriquement se joue aux pieds et qu'il est hors de question qu'un footballeur porte des lunettes ! Parce que les morceaux de verre dans les yeux, une fois qu'on t'a mis un coup de poing dans la gueule, c'est très dur à enlever !**

 # NE PAS CONFONDRE

On peut être FOSSOYEUR et vrai con.

FRANÇAIS **Il faut acheter français ! C'est très facile d'acheter français ! Comment reconnaître un produit français ? C'est le plus cher. Achetez le plus cher, vous êtes sûr d'acheter français !**

Ne pas CONFONDRE

FRÈRE et **BEAU-FRÈRE**
On dit toujours à un Noir « t'es mon frère », « mon beau-frère », jamais.

TESTEZ VOTRE VOCABULAIRE

♦ **Vous savez comment on appelle une frite enceinte ?** Une pomme de terre sautée.

♦ **Est-ce que tu sais pourquoi c'est les Belges qui ont des frites et les Arabes qui ont du pétrole ?**
C'est parce que c'est les Belges qu'ont choisi les premiers.

FRONT Moi, je connaissais un mec qui avait un défaut sur le dessus. À la tête. Il y en a qui sont un peu chauves, eh bien, lui, il n'avait carrément pas de front. C'est-à-dire qu'au-dessus des yeux il y avait juste les sourcils puis plus rien, c'était complètement plat ! Il n'y avait pas du tout mais alors pas du tout de place pour la cervelle. Rien, des yeux et du plat ! Remarque, heureusement pour lui, ça se voyait pas du tout, du tout. Enfin, sauf quand il enlevait son képi.

FRUIT J'ai vendu des fruits aux Halles quand j'étais jeune. Oh, pas longtemps, juste le temps d'apprendre qu'il fallait mettre les taches en dessous.

FUMEUR J'ai une annonce à faire aux fumeurs : pendez-vous, ça va plus vite !

FUNAMBULE Si les journalistes étaient funambules, il y aurait une forte mortalité dans la profession.

FUSÉE Moi, je propose de mettre une institutrice dans la fusée Ariane. Pour que la maîtresse décolle !

FUTÉ C'est un mec futé, super futé même, genre Belge, mais en pire, qui entre dans une boutique, et demande à un vendeur :
« Vous avez des télés couleur ?
– Bien sûr, dit l'autre.
– Alors, j'en voudrais une jaune. »

TESTEZ *votre* **VOCABULAIRE**

Est-ce qu'on doit dire

FIOUL OU FUEL ?

Ça dépend si on dit bougnoule ou Buñuel.

G… comme gâteau

« Vous savez comment ma grand-mère faisait cuire les gâteaux ? Vieille recette italienne : vous faites deux gâteaux identiques, un grand et un petit, vous mettez les deux au four en même temps et quand le petit est brûlé, c'est que le grand est cuit ! »

G

GAI **Faites le gai. Embrassez-vous.**

GALA (DE L'UNION) Je suis allé au gala de l'Union. Faut bien faire prendre l'air au smoking de temps en temps ! J'ai refait Guillaume Tell. Enfin moi, j'étais la victime. J'avais la pomme sur la tête. Et l'autre type était à 12 mètres avec son arc et ses flèches. Avant la représentation, on a répété toute la mécanique. Mais sans qu'il tire, évidemment : on va pas risquer de se planter une flèche dans la tête à la répétition. Qu'au moins il y ait la télé !

GALERIE C'est les vacances : attachez vos bagages sur le toit de la voiture si vous voulez épater la galerie !

GARAGE C'est une femme qui va dans un garage acheter une voiture d'occasion et qui dit au vendeur :
« Allez-y, je n'ai pas de culotte. »
Le mec, surpris, lui dit :
« Mais enfin, madame !
– Quoi ? On m'a dit que dans les garages on se faisait toujours baiser… »

GAUCHE ♦ **Un homme politique de gauche, maintenant, c'est un mec qui traite convenablement ses domestiques.**

♦ **Souvent l'électeur de gauche vote communiste au premier tour pour montrer qu'il aime les ouvriers, et socialiste au second pour gouverner.**

♦ **Moi, je demande que ça, être de gauche, à condition qu'elle existe.**

TESTEZ *votre* VOCABULAIRE

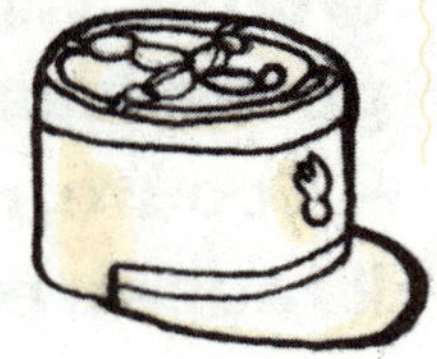

Vous savez comment on reconnaît un GENDARME d'un voleur?

Non? Eh bien, moi non plus!

GENRE ♦ C'est un type qui est sur une plage et qui dit à son voisin:

« Regardez-moi ça, si c'est pas honteux, on reconnaît plus les garçons des filles maintenant, regardez celui-là, là, quand même, à côté, on sait même pas ce que c'est!

– C'est ma fille, monsieur.

– Ah! excusez-moi, je ne savais pas que vous étiez son père...

– Non, je suis sa mère. »

♦ C'est un Suisse qui téléphone à une amie qui vient d'accoucher:

« Alors, c'est un garçon?

– Non, c'est une fille!

– Ah bah, j'étais pas tombé loin! »

GENTLEMAN **Je me promenais à Londres, il y a eu un coup de vent et la jupe d'une bonne femme en face de moi s'est soulevée tout en haut. J'ai regardé, tu penses, tout ce que j'ai pu et la bonne femme m'a vu. Elle m'a dit:**

« Vous n'êtes pas un gentleman!

– Vous non plus, apparemment! »

GOAL J'ai été goal au hand. Les gars jettent la balle de toutes leurs forces et elle est en cuir, la balle. Quand t'en as arrêté une, tu arrêtes d'être goal. Moi, j'en ai arrêté une, je me rappelle, avec l'œil droit. Le gauche l'a jamais reconnu.

GOLF Le golf, c'est un jeu qui consiste à taper avec une canne dans une petite boule d'environ 8 centimètres de diamètre posée sur une grosse boule de 40 millions de kilomètres de diamètre sans toucher la grosse boule.

GOMME Quand j'étais gamin, je jouais à pile ou face avec une pince et une gomme. Bah oui, la pince épile et la gomme efface!

GONZESSE ♦ **« Mais, comment tu fais, toi alors, avec les gonzesses, parce que toi, tu les as toutes et moi, j'en ai pas ? – Écoute, mon gars, j'vais t'dire un truc, avec les gonzesses, il faut être ferme, définitif et faire savoir tout de suite que c'est toi le patron. Une gonzesse, elle arrive, tu lui files rencard, t'arrives en r'tard, t'y mets deux baffes pour qu'elle sache bien qui c'est qui commande. Après ça, pendant toute la soirée, tu lui parles pas et après quand elle se déshabille et qu'elle se met au lit, toi, tu te tapes un cinq contre un dans les chiottes. Après ça, si elle a pas compris que t'étais un mec indépendant… »**

♦ **Les gonzesses sont de plus en plus belles. C'est fatigant à la fin ! On voit bien que c'est pas elles qui bandent !**

GOSSE **Si tu as un gosse de 7 ans à garder, suis mon conseil, trouves-en un deuxième. Les gosses, c'est comme les agents d'assurances, s'il y en a un qui t'emmerde, t'en mets deux ensemble, ils te laisseront tranquille !**

GOUVERNEMENT ♦ Un bon gouvernement doit laisser au peuple assez de richesses pour qu'il puisse supporter sa misère. Et tout ira pour le mieux.

♦ Il y a deux trucs qu'il faut pas rigoler avec : les vêtements, la nourriture et l'honnêteté du gouvernement.

♦ Pourquoi, dans un gouvernement de gauche, les syndicats continuent d'exister s'ils n'ont pas l'intention de survivre au gouvernement ?

♦ Il y a un grand principe dans les gouvernements de droite, c'est que les prix qui sont montés ne peuvent jamais redescendre.

Ne pas
CONFONDRE

Le **GOUVERNEMENT** s'occupe de l'emploi. Le Premier ministre s'occupe personnellement de l'emploi. Surtout du sien.

GRILLAGE C'est un petit vieux qui retrouve une petite vieille avec qui il a eu une histoire d'amour. Il lui dit :
« Tu te souviens quand je te faisais ton affaire contre le grillage du champ de ton père ?
– Oh oui !
– Ça te dirait qu'on recommence une dernière fois ?
– Oh oui ! »
Ils vont donc près du champ du père, et il commence à lui faire son affaire contre le grillage. Et là, la petite vieille fait preuve d'un enthousiasme délirant. Le vieux lui dit :
« Ben, dis donc, t'as pas perdu la main ! C'était même mieux qu'avant...
– Oui. Mais avant le grillage n'était pas électrifié ! »

GROSSIER **Les gens qui disent que je suis grossier ont raison. Je suis exactement grossier, et je me trouve même un peu seul. L'irrespect se perd et on se fout pas assez de la gueule des cons.**

GROSSIÈRETÉ **La grossièreté vise à choquer ceux qui n'en rient pas pour faire rire deux fois plus les autres.**

GUERRE ♦ De quoi on se plaint? Le monde va très bien! Évidemment, y a des guerres, y a de la famine! Mais la guerre, c'est l'hygiène du monde, hein? Et puis l'horreur est humaine. Tout le monde sait ça!

♦ On est en train de fêter le 40e anniversaire de la fin de la guerre. Et c'est une fête nationale! Pendant plusieurs jours, la télévision nous a parlé de guerre. C'est de la publicité. On voudrait lancer la guerre, on ne ferait pas mieux.

♦ Le grand-duc de Luxembourg a rappelé que des cinq dynasties qui ont occupé le trône germanique, la famille du grand-duc est la seule qui n'ait jamais fait la guerre à la France. C'est pourtant mignon, le Luxembourg qui fait la guerre à la France!

♦ La guerre de 14-18 avait fait 1 civil de tué pour 10 militaires. 39-45: 1 civil pour 1 militaire. Vietnam: 100 civils pour 1 militaire. Engagez-vous: pour la prochaine, seuls les militaires seront survivants.

♦ Les anciens combattants? Je vais te dire que moi, si un mec m'avait piégé une fois dans ma vie et m'avait envoyé faire la guerre, tu peux être sûr d'un truc, c'est qu'il ne serait pas près de me revoir pour après aller défiler avec son drapeau!

♦ J'ai une bonne nouvelle pour les marchands d'armes: la guerre va continuer au Moyen-Orient.

♦ Ceux qu'ont fait la guerre, ils veulent s'en souvenir, ils veulent pas qu'on l'oublie, parce que c'est la seule chose qu'ils croient avoir fait de bien dans leur vie, et ceux qui ont pas fait la guerre, ils veulent pas en entendre parler, parce que c'est la seule chose qu'ils pourraient faire de mal dans leur vie.

♦ Moi, j'ai trouvé une combine pour les mecs qui veulent faire la guerre. Plutôt qu'ils aillent emmerder les Cambodgiens ou les autres chez eux juste pour essayer leurs armes, on n'a qu'à leur donner un grand terrain, au milieu du désert, par exemple, dans un endroit où personne n'habite, une espèce de champ protégé dans lequel ils pourront faire la guerre et se tuer entre eux en toute tranquillité et sans faire chier personne. Un «champ» de guerre en quelque sorte.

♦ La France, c'est le seul pays arabe à pas être en guerre!

#NE PAS CONFONDRE

Faites **L'AMOUR**, pas la **GUERRE**... Et pour celles qu'auraient pas tout compris au message, je suis chaque jour à Europe 1 de 15 heures à 17 heures.

GYNÉCOLOGUE

♦ **Gynécologue, c'est un métier pour les sourds : y a rien à entendre et tu peux lire sur les lèvres.**

♦ **Alors, c'est un mec qu'est au boulot, il est gynécologue, c'est-à-dire il a les deux doigts si vous voulez à l'intérieur de la malade, et alors il est en train de l'ausculter. À ce moment-là, le téléphone sonne, c'est un de ses copains qui lui demande :**
« J'suis à la Bastille, comment j'fais pour aller à la République ? »
Alors le gynéco lui dit :
« C'est facile, tu prends d'abord à droite, puis à gauche, ensuite deuxième à droite, tout droit pendant 100 mètres, à gauche et encore à droite... »

#VOUS POUVEZ CONFONDRE

Quand c'est la **GUERRE**, c'est mal. Quand c'est la révolution, c'est bien... Alors que la **RÉVOLUTION** a pourtant le même folklore de mort, d'assassinats, de pillages et d'atrocités en tout genre. Dès qu'une idéologie cautionne, tous ceux qui détestent la guerre sont prêts à faire la révolution !

Machinalement, il fait les gestes avec la main qui ne tient pas le téléphone, celle qui ausculte... Bref, au bout d'un moment, il raccroche et se tourne vers l'impatiente. Celle-ci, toute rouge, en sueur, lui demande :
« Dites-moi, j'ai pas compris, vous pouvez encore expliquer le chemin... »

TESTEZ VOTRE VOCABULAIRE

Vous savez comment on appelle un homme qui a les deux yeux dans le même trou ?

Un **GYNÉCOLOGUE**.

H… comme homme

« Le progrès, l'homme courant après la civilisation, quelle tristesse ! Et tout ça pour lutter contre quoi, monsieur ? Je vous le donne Émile, pour lutter contre la tristesse et l'ennui. L'homme s'est mis en société pour lutter contre l'ennui et depuis il s'emmerde. C'est pas joli comme calcul : toute notre civilisation repose sur des erreurs. »

HARENG C'est un monsieur qui vend sur le marché uniquement des têtes de harengs, il ne vend que des têtes de harengs qu'il vend beaucoup plus cher que les harengs entiers. Un type lui demande : « Mais dites donc, vous vendez des têtes de harengs plus cher que des harengs ?
– Oui, parce que les têtes de harengs, ça rend intelligent !
– Ça rend intelligent ? C'est étonnant, ça !
– Mais je vous assure !
– Bon, alors donnez-m'en une livre, je vais essayer. »
Le lendemain, le type revient voir le marchand et lui dit :
« Dites donc, vous, j'ai pensé à quelque chose en mangeant vos têtes de harengs, je me suis dit : ça rend peut-être intelligent, le problème n'est pas là, mais, en tout cas, c'est plus cher que le hareng et quand on achète le hareng au kilo, y a aussi la tête !
– Vous voyez, répond le marchand, vous avez déjà compris ça, comme quoi ça rend intelligent ! »

HÉRÉDITÉ Vos parents sont des cons : n'acceptez pas l'hérédité.

HÉROÏNE ♦ Mes héroïnes dans la fiction : Stéphane Audran, Bernadette Lafont et Perrette Pradier. Mes héroïnes dans l'Histoire : toutes celles qui se sont fait couper la tête, on est débarrassés !
♦ Un usager d'Air France vient de se faire gauler avec 10 kilos d'héroïne dans sa valise, on peut donc dire qu'à Air France le trafic est interrompu. On lui souhaite un bon avocat de la défonce.

HÉROS **Mes héros dans la fiction : Fanfan la Tulipe. Mes héros dans la vie réelle : Belmondo et Lino Ventura.**

#NE PAS CONFONDRE

HÉROS Qu'est-ce que c'est qu'un héros ? **C'est un soldat qui a réussi.**
et **INVALIDE** Et qu'est-ce que c'est qu'un invalide ?
C'est un héros qui n'est pas mort.

HIRONDELLE C'est un mec qui est blessé à l'hôpital, il a tout le corps dans le plâtre, ils l'ont coulé dans le plâtre, carrément, y a juste la bouche qui dépasse. Ses amis autour de lui lui demandent : « Mais qu'est-ce que c'est que tu as fait comme bêtise ? C'était une soirée charmante que nous passions, on fumait ces trucs de toutes les couleurs et, tout à coup, tu as sauté par la fenêtre en criant : « Je suis une hirondelle, je suis une hirondelle !" »
Alors le plâtré demande :
« Mais pourquoi vous m'avez laissé faire ?
– Mais on t'a cru, nous ! »

HISTOIRE L'histoire se répète, c'est dommage que ce soit nous qui payions les répétitions.

HOMME ♦ **Les hommes ont environ 36 grammes de matière grise et ils n'utilisent en moyenne que 6 grammes. Sauf les Belges qui, eux, utilisent tout.**
♦ **D'après Pascal, tous les hommes sont bons. Ce que contredisent les plus grands philosophes cannibales.**
♦ **On a longtemps cherché des idées pour améliorer le sort des hommes. Le socialisme, par exemple, c'est une idée qui essaie d'améliorer le sort des hommes. À mon avis, il faudrait commencer à chercher une idée pour améliorer les hommes. C'est urgent, maintenant !**
♦ **Mesdames, un conseil : si vous cherchez un homme beau, riche et intelligent, n'hésitez pas, prenez-en trois !**

Ne pas CONFONDRE

Tu sais qu'il y a une grosse différence entre les **HOMMES** et les **FEMMES** ? Enfin, je parle pour moi !

TESTEZ VOTRE VOCABULAIRE

Est-ce que deux hommes peuvent avoir un enfant ?

Non, mais les expériences se poursuivent.

HOMOSEXUEL(LE) ♦ **Les homosexuels ne se reproduisent pas entre eux et pourtant ils sont de plus en plus nombreux.**

♦ **Comment dirais-je… Un homo quoi… sexuel, mais sexuel alors, chez le médecin. Le médecin dit : « Déshabillez-vous, je vais vous ausculter la gorge. » Il se déshabille et ouvre la bouche. Le médecin lui dit alors : « C'est marrant, je vois une petite lumière dans le fond.**
– Ah bon ! Bah, attendez, je vais m'asseoir alors. »

♦ **C'est un homo complètement sexuel celui-là, par-devant et surtout par-derrière, qui dit à un de ses copains : « Ah, ma vieille, les affaires marchent terrible en ce moment. J'ai même plus le temps de péter. »**

♦ **Il était communiste et homosexuel. On l'appelait « l'embrayage ». Parce que c'est la pédale de gauche.**

♦ **Si je suis homosexuel ? Je vais vous dire la vérité : je n'ai jamais craché sur un beau garçon. Enfin, de trop près, je veux dire.**

TESTEZ votre VOCABULAIRE

Vous savez ce qu'il y a de tatoué sur le derrière des HOMOS masos ?

Frappez avant d'entrer !

HONTE ♦ Je connais bien les chômeurs, ils ont tellement honte, ils votent communiste pour se faire passer pour des travailleurs.

♦ Quand je me suis présenté, j'ai fait peur aux hommes politiques, quand j'ai fait les Restos du Cœur, je leur ai fait honte.

HÔPITAL ♦ Sept enfants martyrs par jour en France en moyenne, quinze morts depuis le début de l'année et on passe ça sous silence ! Les gosses entrent à l'hôpital et devant il y a écrit : « Hôpital, silence. »

♦ Je suis allé voir un pote à l'hôpital. Les médecins voulaient pas que je bouffe avec lui. J'ai gueulé, eh bah, ils ont fini par amener un deuxième tuyau !

HOROSCOPE Envoyez-moi la marque, l'année et le mois de votre voiture, je me suis spécialisé dans le thème astral des bagnoles. Alors ce mois-ci pour les Peugeot qui sont Taureau, c'est très grave ! Les Renault Balance, ça ira, quoique Balance, il faudra quand même se méfier dans les virages ! Enfin un conseil pour toutes celles qui sont Poissons : attention si vous sortez le vendredi !

HÔTESSE C'est une hôtesse de l'air qu'était tellement moche que même le pilote automatique voulait pas coucher avec !

HUMOUR ♦ L'humour a toujours été contre le pouvoir, quel que soit le régime.

♦ Ce qui est amusant, c'est de savoir comment on est gouvernés par des gens qu'on a élus nous-mêmes. On est bien placés pour s'en amuser, de la politique, puisqu'on la subit tous les jours. Et qu'elle est faite avec notre pognon. Je crois même que c'est faire preuve du plus grand humour que d'en rire. Moi, évidemment, je le fais plus facilement parce que, de toute façon, grâce à vous je gagne plus de pognon que ceux qui rient et même des fois plus de pognon que ceux qui nous font rire !

♦ On a un très bel hiver, même qu'il y a longtemps qu'on n'en avait pas eu un comme ça, ou alors peut-être l'été dernier. C'est quand même une preuve qu'on peut s'amuser puis avoir de l'humour quand même.

♦ Y a pas de raison pour que l'année précédente soit plus triste que la nouvelle, alors plutôt que de souhaiter les meilleurs vœux, je souhaite beaucoup d'humour.

TESTEZ *votre* VOCABULAIRE

**Tout le monde n'a pas d'HUMOUR, hein.
Y en a qui ont des képis !**

I... comme idéal

« Ce qui est bien, c'est que les gens se reconnaissent en moi. Les plus cons, les plus laids se disent : "Si un mec comme ça peut réussir, pourquoi pas moi ?" Je suis l'idéal des médiocres. »

#NE PAS CONFONDRE

IDÉE et **IMAGE** Dieu a créé l'homme à son image, et la gonzesse à l'idée qu'il s'en faisait, ça peut paraître dégueulasse, mais ça partait d'un bon sentiment.

IGNORANCE 25 % des Français pensent que le Soleil tourne autour de la Terre : c'est la Terre qui tourne autour du Soleil. Il y a quand même 25 % des gens qui pensent le contraire ! 25 % des Français qui pensent que le Soleil tourne autour de la Terre et 45 % qui pensent que Chirac ferait un bon président... Voilà... C'est l'ignorance qui est un désastre. C'est pas le Soleil.

IMBÉCILE Chaque fois que je décris un imbécile, c'est moi.

IMMIGRÉ ♦ François Mitterrand a dit : « Les immigrés sont ici chez eux ! »
Jean-Marie a répliqué : « Moi, je suis d'accord. Je me sens aussi chez eux ! »
♦ Il y a des gens qui n'ont pas été assez sévères en matière d'immigration à mon avis, ce sont les Indiens d'Amérique. Ils auraient dû faire gaffe quand ça a commencé à immigrer aux États-Unis !

IMMOBILIER C'est l'agent immobilier qui dit à Moshé :
« Vous êtes fou de vouloir vendre votre maison ce prix-là ! Votre voisin vend son château moins cher.
– Oui, mais des fenêtres de son château, qu'est-ce qu'on voit ? Mon tas de merde. »

IMMORAL Tout ce qui m'intéresse, soit ça fait grossir, soit c'est immoral !

IMPECCABLE Ma mère nous habillait pareil, avec ma sœur. Elle voulait qu'on soit impeccables. Une spécialité de pauvres. Comme avoir de grandes idées.

IMPORTANT Pour moi, l'important, ce n'est pas d'avoir plus d'argent, c'est d'en avoir assez.

IMPORTATION Depuis que les Américains ont ralenti l'importation, on a des problèmes de production de brie. On fait trop de brie, paraît-il. Ce qui est pourtant formellement interdit, surtout après 22 heures !

IMPÔT ♦ Bonne nouvelle : les impôts pourraient diminuer de 50 % ! Mauvaise nouvelle : c'est aux États-Unis.

♦ J'ai des revenus qui sont partis aux impôts. Ça va, ça vient…

IMPRÉSARIO ♦ Je veux pas citer de nom, mais je connais un imprésario, le jour où il a enfin couché avec sa femme, il a fait cocu plus de la moitié du Top 50 !

♦ Je suis pas antisioniste. Avec tous les imprésarios que je me trimballe… tu les mettrais bout à bout sur des roulettes, ça fait quand même un train !

IMPROVISATION Quand un journaliste politique pose une question improvisée à la télé, il y a deux catégories d'hommes politiques : ceux qui lisent la réponse et ceux qui l'ont apprise par cœur.

IMPUISSANT ♦ C'est une dame qui va voir son médecin en catastrophe parce que son mari est impuissant. Le médecin lui donne des pilules en lui disant :
« Essayez ça, c'est du tonnerre… Vous lui en donnez deux avant l'action, mais surtout pas plus de deux, hein…
– D'accord. »
Le lendemain, la bonne femme revient. Le médecin lui demande :
« Alors ?
– Alors, c'est affreux… Je lui ai donné toute la boîte…
– Non ?

– Si. Il m'a fait l'amour quarante-deux fois, il a violé la bonne, le chien, le facteur, le plombier et il est tombé comme une masse, raide mort.
– Et maintenant?
– Bah, les gars des pompes funèbres sont en train de le masturber pour pouvoir fermer le cercueil... »
♦ C'est un mec qui s'est acheté un costume à la mode et qui va pour tirer une gonzesse. Il arrive et lui dit: « Tu vois, j'me suis mis sur mon trente et un et je viens pour te présenter mes hommages... »
Et la gonzesse, elle se déshabille, il se déshabille, tout ça, et quatre heures après, elle se lève du lit d'un coup, elle prend le costard du mec et elle le jette par la fenêtre. Le mec est furieux:
« Tu jettes mon costume, mon beau costume que j'avais acheté exprès pour te faire l'amour, un beau costume que j'avais mis exprès!
– Oui, j'le fous par la fenêtre parce que le temps que tu y arrives à me faire l'amour, à ce rythme-là, la mode aura changé! »

INFIRMITÉ La plus grosse infirmité qu'on puisse avoir, pour moi, c'est pas qu'il vous manque des jambes, des bras, des yeux ou des cheveux, pour moi, les vrais infirmes, c'est simplement les cons. Il vaudrait mieux pour eux qu'ils soient vraiment infirmes, les cons, ça leur porterait moins préjudice dans la vie et à nous aussi. La connerie, c'est très grave et, en plus, ça n'est pas remboursé par la Sécurité sociale.

INFLATION ♦ Tous les départements sont touchés par l'inflation: même le Loir est cher!
♦ Avant, les hommes, ils vivaient trente ans, c'était pour rien. Maintenant, ils vivent soixante-dix ans. Qu'est-ce que tu veux, il faut bien qu'on leur pique du blé. Faut bien que tout augmente en même temps!

INFORMATION

♦ **Tiens, une information! Les Boeing ont tué 2000 personnes en 1985, la société Boeing reconnaît une faiblesse à la queue. Le syndrome du Boeing, c'est la queue qui se détache! En tout cas, leurs Boeing, y feraient pas mal de les tester s'ils veulent pas qu'on les déteste.**

♦ **On dément formellement l'information selon laquelle la famille Giscard d'Estaing (Anne-Aymone, Marguerite, Frezia et tout le bouquet) aurait été arrêtée à Varennes dans une charrette, déguisée en bourgeois et portant sur elle des diamants d'origine inconnue. L'information faisant état d'ornières béantes formées par la charrette dans le goudron, à cause du poids important des pierres précieuses, eh bien, tout ça serait faux.**

♦ **Maintenant, on peut aller de scandale en scandale dans la politique, dans la finance, et ça gêne personne. C'est le principe de l'information à l'américaine: on dit vraiment tout, mais les gens s'en foutent.**

INFORMATIQUE Les écrans avec des points qui clignotent? Ça reste des gadgets. Ça ne changera que quand on pourra s'en servir pour communiquer d'une maison à une autre, ou pour voter, pourquoi pas? En tout cas, l'informatique ne me fait pas peur.

INGRAT (ÂGE) L'âge ingrat, chez les filles, c'est quand elles sont trop grandes pour compter sur leurs doigts et trop petites pour compter sur leurs jambes.

INJUSTICE Il y a des injustices: on s'appuie sur les murs, les murs ne s'appuient pas sur nous.

INNOCENT

Un innocent en France, c'est un coupable qui ne risque rien.

INOCULER **Il y a écrit dans le journal qu'il y a des singes de laboratoire qui ont attrapé le sida. J'aimerais bien savoir qui sont les savants qui leur ont inoculé. C'est pas un gros mot, mais j'ai peur que ce soit par-derrière quand même.**

INSTABILITÉ L'instabilité est nécessaire pour progresser. Si on reste sur place, on recule.

INTELLIGENCE

♦ **C'est une femme qui dit à son mari: «Je crois que la petite a mon intelligence!**
– Sûrement, parce que moi, j'ai encore la mienne!»

♦ **L'intelligence d'un discours dépend surtout de celui qui l'écoute.**

♦ **L'intelligence, c'est pas sorcier, il suffit de penser à une connerie et de dire l'inverse.**

INTENTION ♦ À un journaliste qui lui demandait s'il accepterait d'être le candidat des Faisceaux nationalistes européens, Coluche précise: «Je m'excuse beaucoup, mais, en tant que candidat, je suis déjà le candidat des Arabes, et, d'autre part, c'est pas parce que je suis le candidat des pédés que j'ai l'intention d'être celui des enculés.»

♦ On me demande souvent si j'ai l'intention de sortir un bouquin de toutes mes conneries. Honnêtement, je pense pas qu'il y ait une librairie assez grande pour toutes les contenir!

♦ Le président Amin Dada regrette que l'on tue trop d'innocents. Est-ce que tu crois qu'il a l'intention de se mettre en taule?

♦ Je jette le plus vite possible les journaux et les vieux papiers parce que j'ai pas l'intention de vivre longtemps.

#NE PAS CONFONDRE

C'est pas **L'INTENTION** qui compte, c'est bien la manière dont on le dit ! Et homme politique, c'est donc bien comédien d'abord.

INTÉRÊT Y a beaucoup d'hommes politiques qu'ont intérêt à parler de moi. Parce que je suis plus connu qu'eux. Ils ont donc intérêt à parler de moi s'ils veulent qu'on parle d'eux.

INTERDIT

♦ En France, c'est interdit de parler la bouche pleine. En Italie, c'est interdit de parler les mains pleines ! ♦ Les forains sont interdits dans les villes, et, dans les campagnes, les bals sont fermés : ils faisaient trop de bruit. Tout le monde s'emmerde. Bref, on a tous les droits pourvu qu'on ne fasse rien.

INVISIBLE **C'est Ève qui voit passer une feuille morte qui tombe, elle dit : « Oh ! L'homme invisible ! »**

IROQUOIS Non mais t'as vu ça ! Un jeune banquier viré parce qu'il était coiffé en iroquois ! Parce qu'il avait les deux côtés rasés avec la touffe de cheveux au milieu ! Moi, mon banquier, il porte la bande de cheveux en rond autour de la tête et il est chauve à l'intérieur et lui, on le vire pas ! Je voudrais bien savoir pourquoi on accepte la bande autour et pas au-dessus !

IRRESPECT

L'irrespect se perd. Heureusement, je suis là pour le rétablir.

J... comme journal

« Après ma campagne présidentielle, en 1981, j'ai eu envie de faire un journal. Un canard qui dirait la vérité. Avec des pages roses pour les pédés, des vertes pour les écologistes, noires pour les anarchistes et les rockers, etc. J'avais déposé un titre : "Stupéfiant, journal navrant". »

J

JAMBE Conseil aux petits barbus : laissez-vous plutôt pousser les jambes !

JARDINIER « C'est un mec qui a un superboulot, avec plus de 600 personnes en dessous de lui !
– Il est chef d'entreprise ?
– Non, il est jardinier dans un cimetière ! »

JAZZ Si le jazz avait été russe, la face du monde en aurait été changée.

JEUNE ♦ Je n'ai jamais été jeune. Jamais été jeune, dans le sens où les responsabilités de la vie me sont apparues très vite.

♦ Les jeunes ne s'intéressent pas à la politique parce que la politique ne s'intéresse pas à eux. Ils ne sont pas considérés comme des gens à qui il est raisonnable de parler. Ce serait une perte de temps pour les hommes politiques. Les jeunes ? Ni intéressants ni importants. Allez, hop ! Circulez, y a rien à voir !

♦ C'est un vieux qui dit : « Quand j'étais jeune, je courais toujours après les filles, mais je me souviens plus pourquoi. »

♦ Dans *Libération* ce matin, un sondage : « 70 % des jeunes trouvent la politique utile, 64 % la trouvent compliquée, 58 % inquiétante et 25 % sale. » Allez, démerdez-vous avec ça pour vous faire élire, les gars !

**♦ « Si tu avais un conseil à donner à un jeune comédien ?
– Je lui dirais d'arrêter parce que c'est tellement facile qu'ils vont finir par y arriver ces cons-là. »**

TESTEZ votre VOCABULAIRE

Vous savez à quelle heure une jolie JEUNE fille doit être couchée ?

Vers 20 heures. Parce qu'à 23 heures elle doit rentrer chez elle.

JEUNESSE

La jeunesse a le grand tort de se croire indispensable : sans les personnes âgées, il n'y aurait pas de jeunes !

JOURNAL ♦ Le journal télévisé, c'est extraordinaire. Tu regardes le journal télévisé, tu te dis, si c'est Fellini qui a fait le texte et la mise en scène, eh ben, ils sont balèzes, les acteurs.

♦ À propos de certains journaux, je les verrais bien emballer le poisson, moi. Faut bien qu'ils vivent, encore que, personnellement, je préférerais qu'ils crèvent. La bouche ouverte de préférence.

TESTEZ VOTRE VOCABULAIRE

Tu sais pourquoi la télévision remplacera jamais les **JOURNAUX** ?

Parce que tu peux pas emballer le poisson avec un téléviseur.

JOURNALISTE ♦ Les journalistes ne posent plus de questions maintenant, ils agressent. Avant, ils demandaient aux hommes politiques : « Pensez-vous que vous avez progressé ? » Maintenant, c'est presque : « Con comme vous êtes, est-ce que vous avez fait des progrès dans votre parti de merde ? » Mais on sent la médiocrité dans la méchanceté comme dans le cirage. La méchanceté n'a jamais remplacé le talent, sinon il n'y aurait que des vedettes !

♦ Le journaliste, ce n'est pas ce que tu vas lui dire qui l'intéresse, c'est ce qu'il pense, lui. Ce qu'il veut marquer dans le journal, ce sont ses idées à lui. Il faut le comprendre, le mec. S'il pouvait pas marquer ce qu'il pense, quelles raisons il aurait d'être journaliste ?

♦ Les journalistes, ils viennent quand une pièce a beaucoup de succès. Seulement, une fois que ça marche, on n'a plus besoin d'eux.

♦ Dès que je me rends compte qu'un journaliste ne saura pas quoi dire sur moi, je l'engueule et je le vire. Comme ça, au moins, il aura quelque chose à raconter. Et puis, si ça se trouve, il allait me faire un petit article. Au lieu de ça, sur un coup de colère, il va m'en faire un gros pour m'insulter. C'est ça qu'est bien.

♦ Le problème avec les journalistes qui viennent m'interviewer, c'est qu'on a l'impression qu'ils ne lisent pas les journaux. Ils ne savent rien. Alors, maintenant, quand ils commencent par me poser, dans l'ordre, les trois questions suivantes : « Coluche, c'est votre vrai nom ? », « La salopette, pourquoi ? » et « Où est-ce que vous allez chercher tout ça ? », je me tire.

♦ Les journalistes, quand on les a, on s'emmerde avec, mais quand on les a pas, hein, c'est pire !

Ne pas CONFONDRE

GENS et JOURNALISTES C'est marrant, quand j'ai arrêté la scène, les gens me demandaient : « Quand est-ce que vous revenez ? » et les journalistes politiques me disaient : « C'est promis, hein, vous arrêtez définitivement ! »

JUGEMENT ♦ C'est un mec et une femme qui divorcent, y s'entendaient plus, pourtant ils criaient fort, mais bon, bref, ils divorcent. Ils sont là, devant le tribunal et le juge des peines, à ne pas confondre avec la fille de joie, dit au mari : « Après jugement, je donne 10 000 balles par mois de pension alimentaire à votre ex-femme. »

Et le mari répond : « C'est sympa. J'essaierai moi aussi de lui donner un petit quelque chose de temps en temps. »

♦ Palerme : les juges du procès de la Mafia se désistent les uns après les autres. Certains doivent avoir un mot de leurs parents, les autres de leur parrain.

JUIF ♦ « Bonjour, Coluche, c'est David...

– David quoi ?

– David Lévy.

– Ah, tu es juif ?

– Non, pas du tout.

– C'est pas de bol ça, en pleine saison ! »

♦ C'est deux commerçants juifs, deux commerçants donc, qui discutent. Le premier dit : « Je crois qu'il n'y a qu'une seule façon de gagner sa vie honnêtement.

– Ah oui, dit l'autre, laquelle ?

– Je savais bien que vous ne la connaissiez pas ! »

♦ Un juif raconte à son copain : « Je suis en train d'écrire mes mémoires. »

L'autre : « Par hasard, t'en serais pas au moment où tu m'as emprunté 10 sacs ? »

TESTEZ *votre* VOCABULAIRE

Savez-vous pourquoi les juifs ont le sens de l'humour ?

C'est un don de la nature.

Vous savez pourquoi y a des catholiques ?

C'est pour acheter au détail, parce que les juifs n'achètent qu'en gros !

Vous connaissez les trois fêtes juives les plus importantes ?

Le Yom Kippour, Rosh Hashana et le Salon du prêt-à-porter.

#NE PAS CONFONDRE

J'ai un copain, il est moitié **JUIF**, moitié italien, quand il arrive pas à négocier assez un truc, il le pique.

JUMEAU C'est deux jumeaux qui viennent voir un médecin, il les ausculte, il dit : « Dites soixante-six ! »

JUMELLE Naissance de deux jumelles – on leur souhaite longue vue !

JUPE (DROITE) Alors, c'est un camionneur qui dit : « Tu t'rends compte, ces gens s'ils sont dégueulasses, une petite bande de cons, ils m'ont attaqué, ils m'ont fait descendre de mon camion, tout ça, ils m'ont traité de pédé, tout ça, tu te rends compte.

– Merde alors, c'est dégueulasse, j'espère que t'en as attrapé un pour lui mettre une baffe ?

– Ah, mais, dis, j'aurais voulu t'y voir à courir avec une jupe droite ! »

JUSTICE ♦ **La justice, c'est le parent pauvre : ils ont pas assez d'argent, ils ont pas assez de prisons, pour un peu ils manqueraient de voleurs.**
♦ La justice répressive punit lourdement pour décourager les fautifs. Le problème, c'est qu'avec ce système de simples chats qui peuvent nous griffer, on fait des tigres qui peuvent nous bouffer.

Ne pas CONFONDRE

Avant, c'était le public qui s'emmerdait avec la politique. Avec la cohabitation, c'est au tour des politiciens, ce qui n'est que **JUSTICE**.

K… comme kilo

« Perdre des kilos dans une salle de sport, je vois pas. À moins de se faire arracher un bras par une machine, évidemment. »

KIBBOUTZ C'est le directeur d'un kibboutz qui est convoqué au ministère des Affaires économiques d'Israël et on lui demande : « Vous êtes le chef du kibboutz ?

– Oui.

– Qu'est-ce que vous faites ?

– Je fais l'élevage.

– Vous faites quoi ?

– Je fais l'élevage de poulets.

– Vous faites l'élevage de poulets ?

– Oui.

– Et qu'est-ce que vous donnez à manger à vos poulets ?

– Je donne le grain à manger aux poulets.

– Vous donnez le grain à manger à vos poulets, alors qu'il y a des millions d'hommes dans le monde qui crèvent la faim ? Vous donnez le grain à manger à vos poulets, alors qu'on pourrait faire le pain avec le grain ?

– Euh… oui, je donne le grain, le poulet, ça mange le grain, je donne le grain…

– Monsieur, vous avez 5 000 balles d'amende, donnez-les tout de suite. »

Alors, le mec gueule un peu, il essaie de discuter, mais bonjour, y a rien à faire ! Il est obligé de payer. Trois mois plus tard, il est convoqué au ministère des Affaires économiques. On l'interroge dans le même bureau, le même mec.

« Qu'est-ce que vous faites dans le kibboutz ?

– Je fais l'élevage de poulets.

– Et qu'est-ce que vous donnez à manger à vos poulets ?

– De vieux croûtons de pain. Du pain rassis.

– Quoi, alors qu'il y a des milliers de gens qui crèvent la faim dans le monde ? Vous donnez les vieux croûtons à vos poulets, alors qu'on pourrait faire du pain perdu avec, qui ne serait pas perdu pour tout le monde d'ailleurs… Allez, 5 000 balles d'amende, tout de suite. »

Le mec paie. Trois mois après, il est

à nouveau convoqué, même bureau encore, même fonctionnaire. « Qu'est-ce que vous faites dans le kibboutz ?

– Je fais l'élevage de poulets.

– Et qu'est-ce que vous donnez à manger à vos poulets ?

– Eh bien, voilà, je suis venu y a six mois, je donnais du grain à mes poulets, j'ai eu 5 000 balles d'amende, je suis revenu y a trois mois, je donnais des vieux croûtons à mes poulets, j'ai re-eu 5 000 balles d'amende, alors maintenant, ce que je fais, je leur donne directement l'argent, à mes poulets, et ils achètent ce qui leur fait plaisir ! »

KILO ♦ **États-Unis : 180 kilos d'uranium perdus. Ils pourraient quand même faire gaffe à leurs affaires ! 180 kilos, il y a de quoi foutre le cancer à tous ceux qui ont le sida !**

♦ **C'est un riche Américain, un Américain en somme, qui va chasser le fauve en Afrique. On lui procure un guide, mais tout petit, tout maigre. L'Américain, un peu inquiet, lui dit : « Vous êtes sûrement un très bon guide, mais si j'ai un malaise, comment ferez-vous pour me ramener sur votre dos : je pèse 120 kilos.**

– Vous inquiétez pas, missié, moi avoir déjà ramené un ours de 200 kilos sur mes épaules.

– Incroyable, comment avez-vous fait ?

– J'ai fait dix voyages. »

KILT Méfiez-vous si vous allez en Écosse, vous risquez l'attentat à la pudeur si vous vous épongez le front avec votre kilt !

K.-O. **Nous, en France, nos boxeurs, ils sont tellement souvent K.-O. qu'il paraît que les sponsors songent à mettre de la publicité sous leurs chaussures.**

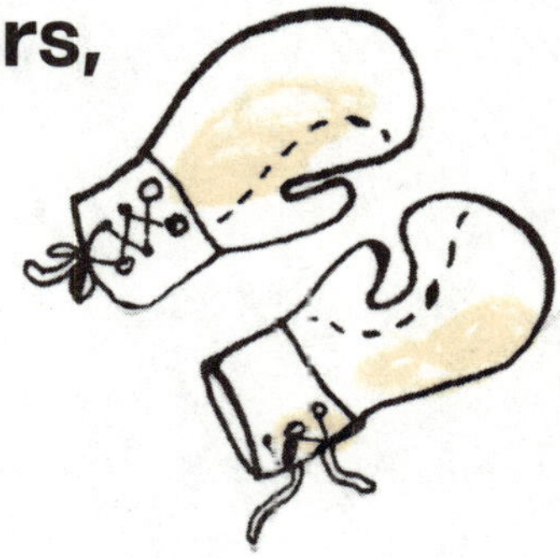

L... comme livre

« J'écrirai un livre
quand je serai vieux
et que j'aurai quelque
chose à dire :
je dénoncerai tout
le monde, je donnerai
noms et adresses
de ceux qui m'ont embêté
pour qu'on aille
les mordre. »

LÂCHE En France, tu sors un porte-clefs au bout d'une chaîne, tu dis « Police ! », tout le monde se met à plat ventre. Il n'y a pas plus trouillard que le Français, il n'y a pas plus lâche.

TESTEZ *votre* VOCABULAIRE

Vous savez pourquoi on trouve encore de la LAINE vierge ?

C'est parce que les moutons courent plus vite que les bergers !

LAIT Ce sont les grandes perversions qui font avancer le monde. Par exemple, on n'aurait jamais connu le lait si un jour un obsédé ne s'était pas dit qu'il allait avaler ce qui sortirait des pis d'une vache après les avoir un peu branlotés.

LAME ♦ Les lames Gillette avaient produit une lame inusable. Évidemment, gros succès. Ils ont coulé tous les concurrents et, au bout d'un moment, fin du coup ! Tout le monde en avait une ! Eh bien, mon pote, ils ont fait une campagne de pub pour dire : « Ramenez-moi votre lame Gillette, je vous en donne deux ! » Tu te rends compte ! Les mecs se sont laissé faire. Ils avaient une lame inusable, ils l'ont changée pour en avoir deux. C'est balèze !
♦ Une fois, un mec m'a menacé avec son couteau. Mais c'était pas un pro, y avait encore du beurre sur la lame.

LANGUE ♦ L'Académie française trouve que la langue est en danger! Nous, on a appelé la boucherie Bernard et apparemment la langue est bonne, elle est fraîche, elle est à 35,80, elle est légèrement en hausse mais, dans l'ensemble, elle se maintient!

♦ Les perroquets, on dit toujours: « Ils parlent mal, ils parlent mal », mais non, ils apprennent la langue, ils sont loin de leur pays.

♦ J'adore les langues étrangères. Surtout celles des filles.

LAPIN C'est un couple de jeunes mariés. Après la nuit de noces, le matin, la femme lui fait des carottes, le midi, elle lui fait des carottes et le soir, des carottes. Alors le type dit:

« Écoute, les carottes, c'est bien gentil, mais matin, midi et soir...

– Ah, excuse-moi, je m'étais dit, il baise comme un lapin, il doit manger comme un lapin... »

LÉGER(E) Le Concorde en panne. Quand il y a une légère avarie dans un moteur d'avion, il vaut mieux le retirer de la circulation avant qu'il fasse une légère chute et qu'il y ait un léger tas de morts.

LÉGITIME (DÉFENSE) ♦ Avec toutes ces associations de légitime défense, où tout le monde est armé jusqu'aux dents, les milices d'action civique, tout le merdier, c'est évident qu'on est en guerre. Mais on ne sait pas contre qui!

♦ Le problème de la légitime défense, c'est que les mecs se prennent pour des flics. Et faut vraiment être un con au carré pour copier sur des flics.

LESSIVE Je voudrais lancer sur le marché, et sur tous les panneaux d'affichage, la Lessive ordinaire. Toutes les autres lessives disent : « Notre lessive est beaucoup mieux que la lessive ordinaire. » En cette époque de publicité comparative, je leur ferais à tous des procès que je gagnerais !

LETTRE(S) ♦ C'est un type qui vient d'avoir le prix Nobel de littérature. Rien à voir avec Sacha Distel, hein. Il reçoit une lettre dans laquelle on lui demande : « Que faut-il faire pour obtenir le prix Nobel de littérature ? » Il répond : « Il faut écrire. »

♦ Je voudrais dire à ceux qui m'envoient des lettres d'écrire plus lisiblement, parce que y en a… ils méritent déjà largement leur CAP de médecine !

LIBERTÉ ♦ Il vaut mieux s'intéresser aux libertés dans le détail qu'à la Liberté avec un grand L. Ça n'existe pas, la Liberté. C'est une idée qu'on a quand on est petit. Les grands thèmes, l'Amour, la Liberté, la Coiffure, je m'en méfie.

♦ Le problème de la liberté de la presse, c'est que c'est une contradiction dans les termes pour les hommes politiques. Pour être complètement libres, il faudrait, eh oui, qu'ils interdisent les journaux !

♦ Vous voyez, c'est ça la liberté en France : on a rigoureusement le droit de dire ce qu'on veut, et le gouvernement a rigoureusement le droit de faire ce qu'il veut.

LIBRAIRIE C'est un type qui entre dans une boutique.
« Bonjour, je voudrais un pot de crème et un pain de beurre, s'il vous plaît.
– Vous, vous êtes belge, dit le vendeur.
– Mais oui, c'est vrai une fois, belge de Bruxelles, comment l'avez-vous deviné ?
– Ici, c'est une librairie, monsieur. »

LIVRE ♦ **« Sur une île déserte, vous emporteriez des livres ?**
– Je ne sais pas, je n'ai aucune crainte que ça m'arrive ! D'ailleurs, les îles désertes, ça n'existe plus, il n'y a plus que la question qui existe ! »
♦ **Moi, je vais écrire un livre qui s'appellera *Achetez mon livre.***

TESTEZ votre VOCABULAIRE

Vous savez le rapport qu'il y a entre la LIVRE, le rouble et le dollar ?

Une livre de roubles coûte un dollar.

LOGIQUE La logique n'est pas de ce monde: comment expliquer que les tableaux de Monet ne soient pas les plus chers?

LOI **Le défaut des lois en général, disait un homme de pouvoir, c'est qu'elles sont souvent en avance sur les mœurs, à part quelques-unes qui sont très en retard. Vous voyez les élections d'aujourd'hui, par exemple, personne ne sait de quoi il s'agit. Personne ne sait comment il faut voter, ni pour qui ni pour quoi. On sait pas. C'est très vague dans le public.**

LONG(UE) Avant, le cancer, on disait pas le cancer, on disait une longue maladie. Le chômage, lui, est en train de crever d'un long délai.

LOYER Regardez maintenant l'augmentation des loyers! En France, on va devenir très très balèze. Le matin, t'y passes, y a les fondations de l'immeuble. Le soir, tu reviens, y a déjà les premières expulsions des mecs qu'ont pas payé leur loyer.

LUNE DE MIEL **Je rappelle aux jeunes mariés qu'il ne faut servir que des ailes de poulet à leurs femmes. Bah oui, c'est une tradition, pendant la lune de miel, on ne serre pas les cuisses!**

LUNETTES ♦ C'est vrai, je porte des lunettes. Mais c'est pas à cause de la vue. C'est à cause de l'âge.

♦ Mon grand-père était complètement miro. Une fois, il est allé chez l'opticien, il arrivait pas à voir le mur où il y avait les lettres. Le mec lui a dit : « C'est pas des lunettes qu'il vous faut, c'est un chien. »

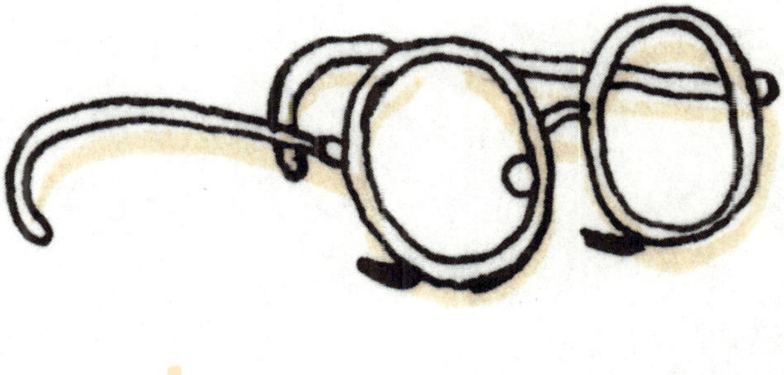

M… comme mariage

« Le mariage, c'est souvent le coup de foudre. On s'est plu, on s'est plu, on s'est plu, puis à la fin on sait plus ! »

M

MAINTIEN Les hommes politiques ne peuvent pas garantir le maintien du pouvoir d'achat ? Très bien, alors nous ne pouvons pas garantir le maintien des hommes politiques.

MALADE Le pape annonce qu'il n'ira pas à Lourdes parce qu'il est malade. C'est formidable, non ? Les gens, eux, y vont justement parce qu'ils sont malades.

MANIVELLE Je suis la manivelle des pauvres : je leur remonte le moral.

MAQUILLAGE Le maquillage selon Line Renaud : avec ton bol de plâtre, tu remplis les trous, tu attends que ça sèche, ensuite tu ponces, et là, tu maquilles.

MARATHON C'est une grand-mère qui raconte à ses petits-enfants :

« Votre papy, il était vachement sportif. Il a même couru le marathon aux yeux Jolympiques, 40 kilomètres et des bananes, et il est arrivé premier !

– Alors, il a eu la médaille d'or ?

– Non, c'était un faux départ… »

MARCHANDAGE C'est une femme qui va voir le curé :

« Voilà, je vais vous embêter parce que mon mari est mort et j'ai pas d'argent, je ne peux pas payer de service funéraire, et pourtant, il était croyant, enfin,

Ne pas CONFONDRE

MALVOYANT(E) et **MALENTENDANT(E)**

Je voudrais dire à l'auditrice malvoyante qui a appelé tout à l'heure et qu'on essaie de rappeler depuis un quart d'heure qu'elle est aussi malentendante !

vous savez c'que c'est, bon, ça peut arriver, bref, j'aimerais savoir combien ça fait le sermon avec les grandes orgues et les chanteuses.

– Les grandes orgues, avec les chanteuses, ça fait 1 000 francs.

– Ah... ça, c'est trop cher, oui, et sans les tapis et les bougies?

– Sans les tapis et les bougies, j'vous le fais pour 700 francs.

– Mais sans l'orgue?

– J'vous le fais pour 600 francs.

– Sans les chanteuses?

– Pour 400.

– Et vous tout seul, m'sieur le curé, juste un p'tit signe de croix et on s'en va?

– Ben, j'vous le fais pour 100 balles.

– Bon, c'est dans mes prix, mais heureusement qu'on n'a pas à acheter le mort!»

MARIAGE Un mec dit à son môme:

«Tu verras, un jour, tu te marieras. D'ailleurs, le mariage hymen à tout, comme disait l'autre. Tu auras des enfants et alors tu sauras ce qu'est le vrai bonheur.

– Ah oui? dit le môme.

– Oui, mais ce sera trop tard.»

VOUS POUVEZ CONFONDRE

Qu'est-ce qu'il y a comme différence entre Moshé et la MARINE?

Y a pas de différence, la marine marchande et Moshé aussi.

MARRON Je ne suis pas d'accord avec ce qu'on dit, je trouve, moi, que le marron est une jolie couleur. C'est juste l'odeur qui est gênante.

TESTEZ VOTRE VOCABULAIRE

Savez-vous la différence qu'il y a entre un mari et un amant? C'est le jour et la nuit.

MATERNITÉ ♦ C'est un type qui arrive à la maternité la nuit, ça tombe bien d'ailleurs parce que la maternité, c'est ovaire la nuit… L'infirmière lui dit:
« Bravo, monsieur, c'est un grand garçon que vous avez!
– Ça ne m'étonne pas, avec la cheminée que j'ai…
– Eh bien, justement, il faudrait peut-être la faire ramoner, l'enfant est tout noir. »
♦ Lady Di est maman! La reine d'Angleterre serait venue la voir à la maternité et se serait exclamée: « Le bébé a déjà dix doigts de pied! Comme ça pousse vite! »

MATIÈRE J'ai lu dans un journal que le trou noir attire la matière… Je vous ferai une conférence là-dessus!

MAUSOLÉE Super, ces émissions pour chanteurs morts! C'est plus Pour qui sonne le glas mais Pour qui sonne le gala! Avec Mike Brant, Claude François, Édith Piaf, Elvis Presley, Dalida, Jacques Brel, Joe Dassin et Hugues Aufray! Présenté en direct par Jean-Claude Brialy, la Mère-Lachaise! Et retransmis sur T'es Défunt, Antenne Dieu et France Croix!

MÉCHANCETÉ Si la méchanceté suffisait pour faire fortune, il y a beaucoup de journalistes qui seraient célèbres.

MÉCHANT **Si on écoutait ce qui se dit, les riches seraient les méchants, les pauvres, les gentils. Alors pourquoi tout le monde veut devenir méchant?**

MÉDECIN C'est un médecin à son client: « D'ailleurs vous n'êtes pas malade: l'autopsie prouvera que j'avais raison. »
Ce qui arrive très souvent, c'est que le médecin guérit la maladie et finit quand même par tuer le malade.
Parce que si vous voulez pas être malade, si vous voulez pas mourir, le mieux, c'était carrément de pas naître. Avec la capote Nestor, j'suis pas né, j'suis pas mort.

MÉTÉOROLOGIE La météorologie est une science exacte. Le problème, c'est que les météorologues ne la connaissent pas.

MÉTIER ♦ Avant, j'étais fleuriste, garçon de café... Je travaillais, quoi! Dans le music-hall, tout le monde a fait plusieurs métiers, puisqu'on ne peut pas apprendre à faire du music-hall, on est obligé d'y venir par hasard. Mon hasard, c'est que je me suis aperçu qu'il y avait des patrons et que je ne parvenais pas à bien m'entendre avec ces gens-là.

♦ Le principe fondamental de notre métier est qu'il ne faut connaître personne, il faut être connu de tout le monde.

♦ Tu sais ce qu'il m'a dit, Johnny Hallyday? Il m'a dit: « Moi, tu vois, je fréquente personne dans le métier », alors je lui ai dit: « Mais quand même tu connais vachement Carlos! », il m'a répondu: « Mais il est pas du métier, Carlos, c'est un ami. »

♦ Y a une nouvelle prostituée qui vient d'arriver sur le trottoir. À midi, l'heure de la pause, elle va manger avec ses copines et y a la plus vieille des prostituées qui lui demande: « Alors le métier, ça rentre? »

MÉTISSAGE Moi, je suis pour le mélange des origines. C'est ce qu'il y a de mieux. La preuve, c'est que quand tu vois une photo de la famille d'Angleterre, t'as pas envie d'en être. On se dit, merde, putain, vivement que les Arabes viennent baiser leurs femmes et que ça se renouvelle.

MÉTRO ♦ **Quand les gangsters ont relâché le baron Empain, il a été obligé de prendre le métro. Ce sont ses grands-parents qui ont financé en grande partie le métro en 1900. Il a eu de la chance. Si sa famille avait investi dans le canal de Suez, il aurait été obligé de rentrer à la nage!**

♦ **Une pour le métro parisien: comme disait Réaumur, Sébastopol, pas de nouvelles, Bonne-Nouvelle!**

MIROBOLANT On m'a proposé un contrat mirobolant : je ne vois pas pourquoi j'irais « miroboler » ailleurs, puisque, de toute façon, je ne change rien à ce que je fais, pour la bonne raison que je sais pas faire autre chose.

MISÈRE ♦ La misère, c'est un grand vent qui vous déferle sur la gueule et qu'arrête pas de souffler toujours dans la même direction. Le problème, c'est d'essayer de faire quelque chose pour éviter de se faire renverser. La prendre de côté, par exemple, comme le torero qui se met de profil pour que la mort ne lui rentre pas dedans.

♦ Les pauvres ne sont pas riches cette année et la misère est triste !

MIRACLE ♦ C'est l'histoire d'un petit gamin qui n'a pas de bras ni de jambes. C'est qu'une tête avec rien dessous. Il demande à sa mère :
« Maman, je peux aller jouer au foot ?
– Mais tu sais bien que tu peux pas…
– Oui, mais je veux jouer au foot.
– Ben… Prie très fort et peut-être que demain… »
Toute la nuit, il prie et le lendemain, miracle, il a deux bras et deux jambes qui ont poussé sous le cou. Il est tout fier et sa mère, genre les cobras m'en tombent, lui dit :
« C'est un miracle, mon chéri, va vite montrer ça à ton père… »
Il court dehors, on entend des cris de joie et le père revient en disant : « Chérie, chérie, viens voir la grosse araignée que j'ai écrasée ! »
♦ À propos de miracles, à une époque où les Américains vont dans la Lune, il est normal que les chrétiens en descendent !

MOCHE ♦ **Elle est tellement moche qu'ils l'ont acceptée dans un club de nudistes uniquement à condition qu'elle se mette une feuille de vigne sur la tête.**
♦ **Il est moche, son gosse... Faut pas qu'y joue dans un bac à sable, lui, sinon les chats vont essayer de le recouvrir.**

MONSIEUR Tu sais comment on appelle un Noir avec une mitraillette, en Afrique du Sud? On l'appelle « Monsieur ».

MORT ♦ **Si on est touché soi-même par la mort, on a intérêt à en rire ; et si on n'est pas touché, on n'a pas de raison de ne pas en rire.**
♦ **Y a-t-il une vie après la mort? Le pape déclare: « Seul Jésus pourrait répondre à cette question. Malheureusement, il est mort. »**

Ne pas CONFONDRE

Je fais un métier où si on écoute les gens, ce sont surtout les MORTS qui ont du talent. Les mecs malades aussi. Les vivants, eux, en général, c'est des merdes.

MOTO ♦ La moto, ce n'est pas un gros engin qu'on a entre les jambes et qu'on essaie de maîtriser. C'est plutôt une chose sur laquelle on est allongé et à qui on essaie de donner du plaisir en en prenant le maximum.

♦ N'étant pas licencié international, j'ai demandé une dispense de licence pour tenter un record du monde moto. On a calculé qu'il durerait dix-sept secondes. Donc, je peux les trouver facilement dans mon emploi du temps.

MOULINETTE (À GRUYÈRE) Vous savez qu'on n'est pas complètement idiots en France : l'année où les Américains avaient la bombe H, nous, au concours Lépine, on inventait la moulinette à gruyère !

MUSIC-HALL

♦ Quand j'ai fait mon premier disque – *Mes adieux au music-hall* –, y a des cons qui ont cru que c'était moi qui m'en allais alors que c'était le music-hall qui était en train de disparaître !

♦ Je ne suis ni pédé, ni juif, ni franc-maçon, et pourtant j'essaie de m'en sortir quand même dans le music-hall !

MUSIQUE ♦ La musique, j'aime ça, même la musique que j'aime pas. Je préfère la musique que j'aime pas à pas de musique du tout.

♦ Je ne suis pas un défenseur de la musique classique mais quand on voit des publicités avec de la musique classique on se dit : « C'est con qu'ils n'aient mis que ces images-là dessus, parce que ça mériterait mieux. »

MYOPE C'est un jeune homme qui présente une émission de variétés, un odieux visuel en gros, et qu'est très habitué à recevoir les jeunes filles qui veulent être figurantes, chanteuses ou chanteuses ou des fois chanteuses. Et il en reçoit un jour une qui est très très très très myope, mais alors myope comme c'est pas possible. Il l'emmène dans sa loge, il défait son pantalon, sort le monstre, lui colle devant le nez et lui dit :
« Et alors, maintenant, qu'est-ce que t'as à dire ? »
Alors elle l'attrape et dit, toute contente :
« Eh bien, je dis bonjour à Éric, à Sylvie, à Dédé et à toute la bande du drugstore ! »

N… comme nom

**« Dans notre métier,
il faut savoir dire oui
pour se faire un nom. »**

NATATION ♦ C'est une petite fille qu'apprend à nager, et le maître-nageur lui dit :
« N'aie pas peur, j'te tiens. »
Et la petite lui dit :
« J'suis contente que vous m'appreniez à nager parce que ma grande sœur maintenant, elle nage très bien.
– Ah bon, elle est venue apprendre ici ?
– Oui, ma grande sœur, elle a appris ici... Et c'est vrai que si vous enlevez le doigt, je coule ? »

♦ Des progrès dans le sport en Belgique au championnat de natation, pour la première fois cette année, il n'y a pas eu de noyé.

#NE PAS CONFONDRE

On commence par chasser les NAZIS, et vous verrez, on finira par chasser les juifs ! Vous verrez...

NÉGLIGÉ Dans le journal : « Caroline de Monaco en négligé : l'allure d'une star ! » T'as raison, avec le négligé qu'elle s'est offert, dis donc, déjà, tu peux aller trois mois en Corse ! Et à l'hôtel, pas au camping !

Ne pas CONFONDRE

Ils prennent vraiment les gens de couleur pour des NÈGRES !

NÉPOTISME **C'est toi le neveu de mon imprésario ? Alors il t'a fait embaucher ici ? Il t'a pistonné ? Il fait oui avec la tête. Tu fous rien ? Non, il fout rien, oui. Il peut venir à l'heure, il peut même arriver en retard, toute façon, il fout rien. T'es content ? Il est content. Ben c'est très bien. Il y en a qui cherchent du boulot, lui, il cherche du chômage.**

#NE PAS CONFONDRE

Un **NÉVROSÉ**, c'est le mec qui fait des châteaux en Espagne, un psychopathe, c'est celui qui habite le château en Espagne et le psychiatre, c'est celui qui prend le loyer.

NEZ ♦ La princesse Anne a refusé d'embrasser un enfant… Moi, je trouve que c'est bien. Parce qu'avec le nez qu'elle a, elle aurait pu lui crever un œil.

♦ Finalement, les clochards ont eu le nez creux de rien foutre. Parce que, avec tous les chômeurs qu'on a maintenant, ils auraient pas été dans la merde !

♦ Les hommes politiques, c'est des hommes qui font le même métier que moi, sauf qu'ils mettent moins de rouge sur le nez. Mais ça, je pense qu'ils devraient en mettre plus, ils feraient plus marrer.

NOIR ♦ **Sans le moindre racisme, je dois dire qu'entre le blues, le jazz, le rock, le reggae, tout est noir.**

♦ **L'extrême droite a 10 % en France, comme les imprésarios. Sauf que les imprésarios crachent pas sur le noir en général !**

♦ **C'est un type qui achète des capotes et demande à la pharmacienne : « Vous en auriez pas des noires ? Je suis veuf. »**

NOM Il suffit de se rappeler tous les noms des morts et tu connais le nom des rues.

NOUILLE C'est un mec qu'est dans une pizzeria, il est en train de bouffer des nouilles et puis il trouve un poil de cul dans l'assiette. Alors il appelle le patron et il dit: « Eh, dites donc, qu'est-ce que c'est qu'c't'histoire, y a un poil de cul dans les nouilles, moi, je paie pas, j'vous préviens, je paie pas. » Et il part en courant. Le patron le cherche dans toute la ville et, dans une rue mal fréquentée, un type lui dit: « Ton mec, il vient de monter avec une fille… »
Alors, il monte et il découvre le client dans une chambre en train d'embrasser le cul de la fille.
Il lui dit: « Ben, dites donc, pour un mec qu'aime pas les poils de cul, merci ! »
Et l'autre répond:
« Oui, mais là, si je trouve une nouille,
je paie pas. »

NOURRITURE

♦ Moi, j'ai choisi les Restaurants du Cœur parce que, d'abord, on a des excédents de production en Europe. D'autre part, l'Europe achète en plus de la nourriture à l'étranger, qu'elle stocke pour revendre après sans jamais l'utiliser, pour des raisons de commerce extérieur, de change avec d'autres pays. On se retrouve donc avec des excédents effarants.

♦ Après ça, j'ai commencé à dire qu'il n'y avait qu'à taper dans les excédents de production, parce que ça nous permettrait d'avoir de la nourriture pas chère, et donc de nourrir tout le monde. Après, je suis allé au ministère de l'Agriculture, et je leur ai dit: « Voilà ce que j'ai fait, alors maintenant, il faudrait… »

♦ **Moi, encore une fois, j'ai fait ce bel effet-là parce qu'il s'agit de nourriture, que c'est une tradition française, et qu'il faut savoir que ce sont les pauvres les plus généreux, et que c'est eux qui bouffent le plus aussi. Les riches achètent moins en poids de nourriture, individuellement, que les pauvres. Les gens les plus pauvres, dans une société, ont tendance à dépenser beaucoup dans un domaine où ils peuvent, c'est-à-dire ils se rattrapent sur la nourriture. Donc, ça touche vraiment les gens à un truc précis.**

♦ **Et si par hasard un jour les pauvres, au lieu d'aller travailler, s'enfermaient chez eux avec de la nourriture pour trois mois, qu'est-ce qui se passerait ? Quel est le con qui a eu cette idée ? Il faut l'attraper, il est dangereux !**

NOUVEAU-NÉ

Le nouveau-né, c'est le dernier venu !

NUCLÉAIRE Jacques Chirac a déclaré que le nucléaire avait de l'avenir. D'accord, mais nous ?

NUDISME

Le nudisme vient juste d'être autorisé en Angleterre. Ils n'ont rien à craindre, remarque, avec le climat qu'il fait, y a que les plus poilus qui pourront en profiter !

O... comme or

« Le prix de l'or augmente. Pauvres, achetez vite de l'or. »

OBUS **Aux États-Unis, l'État a acheté un canon de plusieurs millions de dollars qui n'a encore jamais atteint sa cible. C'est ce qu'on appelle de l'obus de confiance, non ?**

ŒIL-DE-PERDRIX Comme dirait Le Pen : œil-de-perdrix, dix de retrouvés !

ŒUF ♦ Vous connaissez le truc qui permet de lancer un œuf au-dessus de son épaule sans le casser ? Il faut le lancer quand il est encore à l'intérieur de la poule !

♦ C'est un vieux qui entre à l'épicerie, il dit :
« Eh, vos œufs, là, au moins, ils sont frais ? »
Et l'épicier lui répond : « Ben, ils doivent être plus frais qu'les tiens en tout cas.
– Oh, ça m'étonnerait, y a encore dix minutes, les miens, ils étaient encore au cul d'une poule ! »

OEIL **Accusée de tenir un hôtel borgne, elle déclare que depuis qu'elle avait perdu un œil, elle ne pouvait plus trop surveiller ce qui se passait chez elle, et préférait fermer l'autre œil.**

OIE C'est un mec qu'a décidé d'élever des oies. Y a un de ses copains qui lui en prête 1000 pour commencer. Un mois après, il vient aux nouvelles.
« Alors ?
– C'est pas le pied, toutes les oies sont mortes !
– Tiens, c'est bizarre, ça, ça m'est jamais arrivé. C'est vrai qu'il a fait chaud, remarque. Allez, je vais t'en prêter 1 000 autres. »
Un mois plus tard, il revient.
« Alors ?
– Bah, comment dire... elles sont toutes mortes...
– Encore ! Mais qu'est-ce qui s'est passé ?
– Ben, je ne sais pas... Ou bien je les plante trop profond, ou bien je les plante trop serrées. »

OISEAU L'oiseau que je préfère : le paille-en-queue et l'hirondelle.

OMELETTE « Ça fait quatre ans que je suis chômeur. Alors, j'suis rentré à la maison, ma femme me dit : "Tiens, tu vois, si j'avais eu du lard, j't'aurais fait une omelette au lard. Malheureusement, j'ai pas d'œufs !" »

ONGLE Un clochard à un autre :
« Comment tu fais pour avoir les ongles aussi sales ?
– Bah, je me gratte... »

OPÉRA ♦ C'est à l'opéra, là où y a les danseurs avec les nids d'oiseaux dans la culotte, y a un mec qui sort et on lui demande: « Alors, c'était bien ?
– Ah ! c'était formidable, on pouvait dormir, ils dansaient sur la pointe des pieds ! »
♦ Un couple de Suisses va à l'opéra de Genève écouter La Chevauchée des vaches qui rient. Ils continuent, durant le spectacle, la conversation commencée chez eux. C'est la Suisse au prochain numéro si vous voulez… Alors, un type assis devant eux se retourne et leur dit: « Excusez-moi, mais je n'entends rien ! »
Et eux: « Mais dites donc, ce qu'on dit ne vous regarde pas ! »

OPÉRER « Je vous demanderai d'être souriant parce que le chirurgien se fait du souci pour vous.
– Oui, mais c'est la première fois qu'on m'opère !
– Oui, mais lui aussi, c'est la première fois qu'il opère… »

OPHE D'un penseur arabe : est-ce la poule qui philosophe, ou l'ophe qui fit la poule ?

ORCHESTRE ♦ Je joue de 8 instruments… mais mal. Je finirai chanteur. J'ai un projet avec une bande de mecs ringards, pour quand je serai vieux. À 60 ans, on créera un orchestre de rock qu'on appellera d'ailleurs « Les Ringards ».
♦ Premier hautbois dans un orchestre, ça, c'est bien. Bah, oui, quitte à aller au bois, autant être le premier.

ORDRE Dans les pays occidentaux, on aime l'ordre. Il y a même des gardiens de cimetière, tu te rends compte ! C'est pourtant pas les mecs qui sont dans les cimetières qui vont aller gueuler ! Qu'il y ait des flics pour garder les vivants, encore, à la rigueur je comprends, mais des gardiens de cimetière ! Faut vraiment aimer l'ordre !

OREILLE ♦ Les oreilles sont les poignées des gosses.

♦ C'est un charcutier qui demande à la caissière:

« Marguerite, mon crayon…

– Il est sur votre oreille, monsieur !

– Vous voyez bien que je suis pressé… Quelle oreille ? »

ORGANISATION

Qu'il y ait des organisations antisémites, ça, ça me fait beaucoup rire ! Qu'est-ce qu'il faut être con pour être antisémite déjà, mais alors pour être organisé !

#NE PAS CONFONDRE

Je joue un peu de tout, mal, mais je m'en fous. Je suis musicien à cause des **OREILLES**, pas à cause des mains.

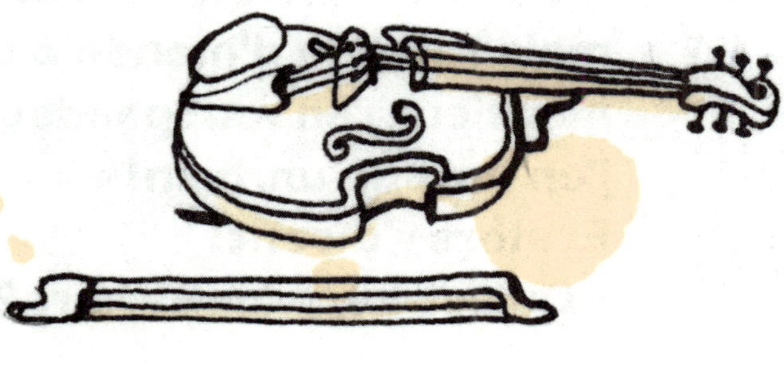

ORIGINE ♦ « Coluche, vous êtes d'origine italienne ?
– Oui.
– Quelle région d'Italie ?
– Paris. La porte d'Italie. »

♦ C'est un mec qu'est dans un restaurant. Il y a écrit au menu « poulet de Bresse ». Alors il demande un « poulet de Bresse », et on lui amène un poulet. Il met le doigt dans le cul du poulet, il le sort, le sent et dit : « Non, non, ça, c'est un poulet des Landes. »
Alors on renvoie le poulet à la cuisine, on lui en sert un autre. Pareil, il met le doigt dans le cul du poulet, il fait :
« Non, ça, c'est un poulet du Gers. »
Alors, on le remporte et on lui apporte un autre poulet, il met le doigt dans le cul du poulet et là, il fait :
« Ah ! ça, c'est un poulet de Bresse, ah oui, ça, c'est un poulet de Bresse ! »
Et un mec se lève à côté de lui et lui dit :
« Moi, j'suis orphelin, vous pouvez pas me dire d'où je viens ? »

OUANANA **C'est un monsieur qui entre dans une quincaillerie, et qui a un défaut d'prononciation, on lui demande :**
« Qu'est-ce que vous désirez ? »
Et il dit :
« Je voudrais un ouanana…
– Un comment… vous dites ?
– Un ouanana.
– Eh bien, écoutez, j'vais voir parce que je suis pas sûr qu'il m'en reste. »
Alors, il cherche partout et il envoie un autre vendeur.
« Vite, va voir ce qu'il veut, j'ai pas compris, vite, va voir, vite, va voir c'qu'i veut.
– Monsieur, vous désirez, oui ?
– Je voudrais un ouanana, mais j'ai déjà d'mandé à un monsieur, j'en veux pas deux, j'en veux qu'un, hein ! »
Et alors y disent :
« Qu'est-ce qu'on va faire ? »

Et à ce moment-là, y s'aperçoivent qu'à la cave, là où ils rangent les boulons, y a un mec qui parle comme ça. Y dit:
« Allez le chercher. »
Le mec arrive.
« Oui, bonjour, monsieur.
– Oui, bonjour, j'voudrais un ouanana.
– Oui. »
Alors le mec va l'chercher, il lui enveloppe et puis y paie et y s'en va, et l'patron vient voir le mec et lui dit:
« Ben, alors, qu'est-ce qu'y voulait?
– Ben, il voulait un ouanana. »

#NE PAS CONFONDRE

Vous savez la différence entre un **OUVRIER** et un **PATRON ?**

L'ouvrier, c'est celui qui sait comment on travaille, le patron, c'est celui qui sait pourquoi on travaille !

OUVRIER L'économie française est mise en déséquilibre par les grèves ouvrières, donc la solution, pour sauver la France, est de supprimer les ouvriers.

P… comme politique

« La politique : c'est
le plus beau mensonge.
Les hommes politiques
sont d'ailleurs des
menteurs professionnels.
Elle consiste, pour un
gouvernement, à faire
croire que l'on ne peut pas
faire mieux ni autrement
et que ce que l'on fait
est très bien comme ça. »

TESTEZ VOTRE VOCABULAIRE

Dans la main de ma maîtresse, je me dresse ; après, je rapetisse et je goutte. Qui suis-je ?

Un **PARAPLUIE**.

PARADOXE Drôle d'époque où ce sont les Allemands qui font des affaires et les juifs qui font la guerre !

PARITÉ Moi, je dis que les femmes seront l'égal de l'homme le jour où elles accepteront d'être chauves et de trouver ça distingué.

PARKING Il y a notoirement pas assez de place dans les villes pour garer toutes les bagnoles qu'on nous vend et pourtant on nous aligne quand on se gare.

PARRAIN Tiens ! Le Milieu a tué un parrain ! Oui, c'est bien. Mais deux par deux, ça irait plus vite.

PENCHER (SE) Se pencher sur son passé, c'est risquer de tomber dans l'oubli.

PARTOUZE Vive la partouze, l'Amour avec un grand tas !

PENSER On raconte que je dis tout haut ce que les gens pensent tout bas, c'est vrai. Mais la vraie question est pourquoi les gens pensent tout bas au lieu de penser tout haut? Remarque, je préfère, moi, qu'ils pensent tout bas, sinon je sais pas de quoi je vivrais!

PETIT Ça, voyez, c'est la France, on prend toujours petit, petit, petit. Regarde, à l'opéra, les danseuses, ils les prennent tellement petites qu'il faut qu'elles se mettent sur la pointe des pieds!

PHARMACIEN C'est un pharmacien qui explique au nouveau préparateur où se trouvent les médicaments, à quoi ils servent, etc., puis il passe devant un rayon de bocaux tout dégueulasses et le jeune préparateur lui demande ce que c'est. Le pharmacien lui répond:
«Ça? C'est ce qu'on donne quand on n'arrive pas à lire l'ordonnance…»

PIERRE (TOMBALE) «Qu'est-ce que vous écrirez sur votre pierre tombale?
– Je sais pas, je réfléchirai quand je serai malade.»

PILULE La pilule arrive en Belgique. On espère qu'ils vont enfin arrêter de tirer sur les cigognes!

PIPE La scène se passe dans le train et y a plus de place. Une jeune fille toute mignonne avec la jupe courte, genre on lui voit le bonbon mais plus le papier, qui arrive. Alors y a un monsieur qui lui propose:
«Asseyez-vous donc sur mes genoux, si vous voulez…»
Alors elle s'assoit et au bout d'un moment, elle dit:
«Mais je sens quelque chose de dur…»
Le monsieur, gêné, lui dit:
«Oh, c'est rien, ça doit être… euh… ma pipe!»
Et il y a un vieux à côté qui dit:
«V'nez donc sur mes genoux à moi si vous voulez, ça fait belle lurette que je fume plus!»

PITIÉ ♦ Ce qu'elle va faire, la gauche ? Elle va faire pitié, comme d'habitude.

♦ On dit qu'il vaut mieux faire envie que pitié, mais il est pas rare de s'apercevoir que, en général, on fait envie à ceux qui font pitié !

PIZZA ♦ J'ai suivi les conseils qu'il y a dans le livre de Rika Zaraï : « Le masque pour la nuit. » Tu te mets des carottes, des olives, des œufs, des champignons. Et, au réveil, t'as une pizza.

♦ C'est un Belge en vacances à Rome. Il a donc évité le néfaste-food et il est entré dans une pizzeria où il a demandé une pizza à emporter. Le pizzaïolo lui dit : « Je vous la coupe en huit ?
– Non, coupez-la plutôt en quatre. Je pourrai jamais manger les huit. »

PLANCHE (À VOILE) Une espèce de truc qui flotte, que les nageurs prennent derrière la tête, et que les mecs disent : « Oh ! pardon je sais pas m'en servir, c'est normal, je l'ai achetée hier ! »

PLÂTRE Les hommes politiques et les journalistes nous mettent du plâtre ici et là. Ça tient chaud, mais ça ne guérit pas.

#NE PAS CONFONDRE

POING et **POINT**
Hier un boxeur a gagné aux points. J'aurais été étonné qu'il gagne aux pieds !

POLITICIEN **Les politiciens, on ne saura jamais s'ils sont sérieux ou si ce sont des comiques froids. Parce que quand même entre leurs blagues extraordinaires et leurs promesses intenables, va savoir, toi, si dans le fond, c'est pas des professionnels du rire !**

POLITIQUE Ce que je pense réellement de la politique ? C'est qu'il faudrait mettre à chaque poste le mec le plus compétent, tout simplement, qu'il soit de droite ou de gauche, peu importe. Et même, je vais vous dire, s'ils sont deux à avoir un avis sur la question, un de droite et un de gauche, eh bien, on pourrait mettre les deux au même poste. Qu'ils travaillent ensemble, et puis c'est tout ! Et qu'ils nous proposent que les trucs sur lesquels ils sont tous les deux d'accord.

POPULARITÉ

La popularité, c'est comme le parfum. Un peu, c'est agréable. Faut pas tomber dans le bocal. Sinon, ça devient une odeur. On la trimballe partout.

TESTEZ votre VOCABULAIRE

Pourquoi les POULES ne se mouchent pas ? Pour que les œufs aient du blanc !

Ne pas CONFONDRE

C'est une **POULE** qui vient d'arriver dans une ferme, et le fermier vient le premier matin pour voir si elle a pondu un œuf. Elle n'a pas pondu, alors il lui fourre un doigt dans le cul. Le deuxième et le troisième jour pareil. Alors la poule va voir la vache et lui dit : « C'est tout de même incroyable, tous les matins, il me fourre un doigt dans le cul… »
Et la vache répond : « Plains-toi pas, moi, tous les matins, il me caresse les seins et il ne m'a jamais embrassée. »

Ne pas CONFONDRE

C'est un type qu'est dans un restaurant : « Dites-moi, garçon, venez voir là, le **POULET** a une cuisse plus courte que l'autre ! » Et le garçon : « Dites, c'est pour manger ou c'est pour danser ? »

POUVOIR **À quoi ça sert, le pouvoir, si c'est pour ne pas en abuser ?**

PREMIER **Les premiers, ils sont faciles à compter sur les doigts du pouce.**

PRÉSERVATIF ♦ Il semblerait que le préservatif soit un très bon emblème politique. Il jugule l'inflation, il permet quand même l'expansion, il limite la surproduction et il offre une impression de sécurité satisfaisante.

♦ C'est un mec qui téléphone à son médecin en lui disant : « Venez vite, ma femme a avalé un préservatif. » Alors le médecin range ses affaires de toute urgence, le téléphone resonne, il entend : « Vous dérangez pas, on en a trouvé un autre. »

♦ C'est une femme de ménage qui tient un préservatif entre ses doigts dans la chambre de ses patrons. La maîtresse de maison entre et dit : « Eh bien quoi, vous paraissez surprise, vous ne faites donc pas l'amour dans votre campagne ?

– Si, mais pas au point d'arracher la peau ! »

Ne pas CONFONDRE

Le POUVOIR, c'est une maladie, être PRÉSIDENT, c'est être mégalomane.

PRÉTENTIEUX C'est un mec genre prétentieux qui entre chez un marchand de légumes genre prétentieux. Il jette un coup d'œil distrait sur les artichauts… de pisse, bien sûr… sur les brocolis… pour être honnête, naturellement, tout ça, et à la fin il prend un pamplemousse et dit au marchand de légumes :
« Vous avez rien de mieux comme pastèque ? »
Et l'autre :
« Arrêtez de jouer avec ce grain de raisin, vous allez me l'éclater ! »

PRÉVENTION Afin de limiter les cas de maladies honteuses dans les régiments d'outre-Rhin qui font grande consommation de prostituées, on a installé pour la première fois dans les casernes cet écriteau : « Soldats, interdit de tirer. »

PRIMAIRE Je suis allé à l'école jusqu'à 13 ans, j'ai raté le certificat d'études primaires, parce que l'expression ne me plaisait pas. Je ne voulais pas posséder un truc primaire.

PRIX Les mecs prétendent que les prix littéraires ne sont pas truqués, que tout le monde a sa chance. Ils se foutent un peu de la gueule du monde, quand même. Tout le monde aura sa chance le jour où ils récompenseront un mec qu'a pas écrit de livre !

PROGRÈS ♦ C'est joli, le progrès ! Demain, quand on offrira un livre à un gamin, il le tournera dans tous les sens pour savoir où faut mettre les piles !

♦ Le président estime qu'il a aux trois quarts réussi ce qu'il voulait faire avec la France. Ce qui signifie que la France d'aujourd'hui, avec son nombre de chômeurs, sa hausse des prix, son abaissement du niveau de vie, ses affaires politico-crapuleuses, ses fonctionnaires marrons et ses policiers voleurs, n'est que les trois quarts de ce qu'il voulait. Il peut encore mieux faire.

♦ À part la poêle Tefal qui représente un progrès par rapport à la poêle ordinaire, qu'est-ce qui s'est passé en France depuis trente ans ?

PROJET Dans notre métier, même ceux qui bossent jamais ont des projets, alors, t'imagines ceux qui bossent !

PROMESSE C'est à force de pas faire de politique qu'on a des mecs dans la rue qui nous mettent des bombes. On est dirigés par des gens qui disent des trucs et qui ne les tiennent pas vraiment. Les socialistes par exemple, les promesses qu'ils nous avaient faites, ils vont nous les resservir pour la prochaine fois... Parce que les promesses, si vous les tenez, après, qu'est-ce que vous allez faire ?

PROSTITUÉE ♦ Ce que je pense des prostituées ? Plus elles sont belles, mieux je me porte !

♦ C'est une prostituée qui est en train de faire l'amour avec un client nain.
Et elle lui dit: « Dépêche-toi, et quand tu auras fini, tu monteras m'embrasser!… »

♦ En Thaïlande, les prostituées ont augmenté leurs prix et les clients ont gueulé: non seulement elles leur vident les bourses, mais, en plus, elles leur vident les bourses!

♦ C'est un représentant qui envoie ses notes de frais à son patron. Son patron l'appelle et lui dit: « Eh, dites donc, votre note de frais "Prostituée 800 francs", ça ne passera pas au niveau des impôts. La prochaine fois que vous tirez un coup, faites passer en frais de chasse. » Le mois suivant, nouvelle note: « Frais de chasse: 500 francs. Nettoyage du fusil: 2000 francs. »

♦ Un groupe de prostituées de la rue Saint-Denis a fait un don aux Restos du Cœur. Pas en nature, évidemment, sinon ce serait les Restos du Corps.

PSYCHANALYSE

C'est un Belge qui est chez le psychanalyste. Il y était venu pour acheter des cannes à pêche, mais bon, il est resté quand même. Alors y dit au type qu'est derrière lui, parce que le psychanalyste il est derrière vous hein, c'est un métier. Ça se fait par-derrière, hein, c'est pour ça qu'on s'étonne pas de l'avoir toujours un peu dans le cul. Bref, il est là, sur le divan, le fameux divan le terrible et il lui dit: « Voilà, docteur, toutes les nuits, je fais le même rêve. Je suis devant une grande porte et je la pousse, je la pousse, je la pousse à en crever et elle ne s'ouvre jamais.
– Ah bon! Et qu'est-ce qu'il y a d'écrit sur cette porte?
– "Tirez". »

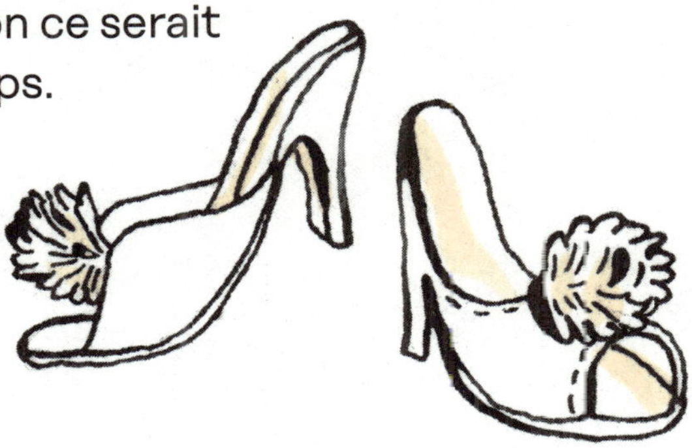

Q... comme cul

« C'est un mec
qui caresse le cul d'une
gonzesse et qui dit :
"Ah ! si t'avais ça
dans la cervelle !" »

#NE PAS CONFONDRE

Avant moi, la France était coupée en deux. Avec moi, elle sera pliée en QUATRE !

QUART Combien vous croyez qu'y a de gens qui travaillent à la Sécurité sociale ? Un sur quatre ! Et j'suis large !

QUELQU'UN Ça vaut le coup de se fâcher avec quelqu'un si on le voit tous les jours. Parce que si on se fâche avec quelqu'un qu'on ne voit que tous les ans, ça vaut pas le coup, on n'en profite pas.

QUALIFICATION
À part gangster ou homme politique, des choses qui se font sans qualification, y a quasiment qu'artiste.

QUANTITÉ Un type assiste à une conférence. Le professeur professe, le dégueulasse : « L'alcool est un facteur important dans les problèmes de couple. Souvent, la femme quitte son mari parce qu'il boit. » Alors, le type demande : « Pratiquement, il faut boire quelle quantité pour que ça arrive ? »

QUESTION ♦ **« Les questions sur ma vie privée, je crois que ça n'intéresse pas les gens. Qui a envie de savoir, par exemple, combien mesure ma femme ? En tout cas, ceux que ça intéresse, moi, ils ne m'intéressent pas.**
– C'est pourtant une partie de votre public…
– Ça les regarde, je demande pas aux gens que j'aime pas de pas m'aimer. »

♦ **C'est un Belge qui est au restaurant avec sa femme. Il a pris des langoustes. On lui apporte un rince-doigts, et il demande : « Pardon, madame, s'il vous plaît, qu'est-ce que c'est ça, s'il vous plaît ?**
– Ben, c'est un rince-doigts. »
Et sa femme lui dit : « C'est bien fait pour toi ! Si tu poses des questions idiotes, on te fera des réponses idiotes. »

♦ **On s'est souvent posé la question : « Être ou ne pas être ? » J'ai personnellement écrit à Shakespeare et j'ai reçu la réponse suivante : « Lettre suit. »**

♦ **Les hommes politiques, tu leur poses deux questions, ils te répondent : « Troisièmement… »**

QUÊTE C'est donc des naufragés qui sont dans un radeau de sauvetage et cela fait très longtemps qu'ils sont naufragés. Des jours et des jours qu'ils ont plus rien à manger, ni rien, plus rien à boire. Quelle horreur ! Un jour, y en a un qui dit : « Il n'y a plus qu'une chose à faire, se mettre à genoux et prier ! »
Et il y en a un qui dit : « Ah ça, je peux pas prier à genoux, je suis juif.
– Ben, quand même, pour nous faire plaisir, pour faire comme tout le monde, tu pourrais faire un petit geste catholique, non ?
– Oui, ça, je peux… »
Et il se met à faire la quête.

QUOTIDIENNE Bon, une quotidienne à la radio, c'est du boulot, d'accord, mais en même temps, ça paie. Moi, quand j'ai regardé mon salaire sur le contrat, j'ai cru un moment que c'était mon numéro de Sécu !

R... comme rigolo

« Je ferai aimablement remarquer aux hommes politiques qui me prennent pour un rigolo que c'est pas moi qu'ai commencé. »

RABBIN C'est un rabbin, un rabbin des bois, en ville cette fois, qui sort de la poste. Un de ses copains le croise et lui demande : « T'as touché un mandat ?
– Non, j'ai rempli mon stylo. »

RACISME

♦ **En racisme, le plus souvent, il n'y a pas de mauvais sentiments mais un mauvais voisinage.**

♦ **Jean-Marie le dit : « Le racisme, c'est comme les Nègres, ça ne devrait pas exister ! »**

♦ **Le racisme et la droite, ce sont deux thèmes que j'adore parce que, en France, ça n'existe pas ! Tu demandes à n'importe qui : « Êtes-vous raciste ? De droite ? » Tout le monde te répond : « Non. »**

♦ **Faut pas croire que tous les gens qui sont touchés par le racisme ont de l'humour. Moi, une fois, j'ai raconté une histoire de Noir à des Noirs, je leur ai dit que je préférais avoir un Noir dans la salle que la salle dans le noir, eh bien, il y a eu un blanc !**

♦ **Le Pen est tellement raciste que, avant la commercialisation des télévisions couleur, il avait deux postes : un pour le blanc et un pour le noir !**

♦ **« Allô, la police ? Je croyais qu'on avait volé ma rivière de diamants. En réalité, elle était dans un coffre à la banque.
– Trop tard, madame, votre jardinier arabe a avoué. »**

♦ **Déjà les Noirs, j'aime pas tellement, mais alors les racistes !**

♦ **Défense des blagues misogynes et racistes ! Personne n'empêche les femmes et les Noirs de faire des blagues !**

♦ **Si on peut pas se moquer des Arabes, c'est que c'est vraiment des Arabes ! À partir du moment où on peut se moquer d'eux comme de cons ordinaires, à ce moment il n'y a plus de racisme.**

#NE PAS CONFONDRE

RADAR et **BARBECUE** Alors, c'est un Belge, n'est-ce pas, qui s'est arrêté au bord de l'autoroute en remontant de vacances, et pis il voit un barbecue, sur le parking.
Alors il dit : « Tiens, ça, c'est formidable, y a des gens qui ont déposé un vieux barbecue, il a l'air tout neuf. »
Il le met dans son coffre puis il s'en va. Arrivé à la frontière belge, on lui demande :
« Vous n'avez rien à déclarer ?
– Ben non, j'étais en vacances, le bronzage, je l'ai sur moi, donc j'ai rien à déclarer.
– Vous pouvez ouvrir le coffre ? »
Le Belge l'ouvre, le douanier regarde et dit :
« Et ça, qu'est-ce que c'est ?
– C'est un barbecue qu'on a trouvé sur le bord d'la route. »
Et le douanier se tourne et crie :
« Chef, je tiens le mec qu'a piqué le radar ! »

RADIESTHÉSISTE Je peux pas mettre de short sans qu'on me prenne pour un radiesthésiste ! J'ai le pendule qui pend.

RADIO ♦ **J'ai la photo de mes deux gosses dans mon portefeuille. Depuis peu, parce que je vis séparément d'eux. Ils écoutent la radio tous les matins à la même heure. Heureusement ! Ça permet à des mecs comme moi de vivre. C'est vachement bien, la radio ! Ça donne l'heure, le temps qu'il fait, ça permet d'écouter des chansons... Faut faire attention à la routine.**

♦ **On m'engage à la radio. On me paie très cher et on me vire pour les mêmes raisons que l'on m'avait engagé.**

♦ **Moi, ce qui m'étonne, c'est pas qu'ils m'aient jeté, c'est qu'ils m'aient engagé.**

Ne pas CONFONDRE

Tu connais la différence entre les parasites à la RADIO et les parasites à la télé ?

À la télé, on voit les parasites.

RADIOACTIVITÉ 22 179 personnes sont déjà mortes au Japon des suites de la radioactivité de la bombe de 1945. C'est donc un truc qui s'amortit sur plusieurs années.

RAISON D'ÉTAT

La raison d'État, c'est des tas de raisons.

RASAGE ♦ Un vieux mec sort de la salle de bains et dit à sa femme : « Ça fait du bien de se raser. J'ai l'impression de rajeunir de dix ans.
– Alors, répond la femme, rase-toi plutôt le soir avant de te coucher. »

♦ C'est un mec qui est chez le coiffeur. Le rasoir dérape et il a l'oreille coupée.
« C'est rien, dit-il au coiffeur, continuez ! »
Le coiffeur lui met un peu de coton et continue. Cinq minutes après, nouveau coup de rasoir, l'autre oreille vole.
« C'est rien, dit le mec, allez-y... »
Le coiffeur s'y remet et se fait cette fois un morceau de la lèvre puis un bout du cou.
« C'est rien, lui dit le mec.
– Mais ça vous dérange pas que je vous coupe ?
– Non. En revanche, j'aimerais bien un rasoir moi aussi, maintenant, que je puisse me défendre ! »

TESTEZ votre VOCABULAIRE

**La police évacue trois RADIOS libres !
Il faudra penser à les appeler autrement !**

♦ Un manchot va se faire couper les cheveux. À peine il a commencé, le coiffeur lui coupe une oreille avec le rasoir. Alors il lui fait un pansement, s'excuse, puis lui demande :
« Mais il me semble que je vous ai déjà vu, non ?
– Ah non, mon bras, je l'ai perdu à la guerre. »

RÉALITÉ Heureusement qu'il y a la réalité de tous les jours pour nous distraire de toutes les cochonneries qu'on entend à la radio et qu'on voit dans les journaux !

RÉCLAMATION C'est un type qui a eu sa feuille de paie et puis il a fait une réclamation parce qu'il y avait une erreur de 10 francs. Alors, il a dit :
« Il me manque 10 francs à ma feuille de paie, il me manque 10 francs... »
Le patron lui a répondu :
« Oui, mais la semaine dernière, il y avait 20 francs de trop et vous n'avez rien dit.
– Non, je n'ai rien dit, mais deux erreurs en deux semaines, là, je gueule ! »

RECORD ♦ **Régine a fait un film qui s'appelait *Sortie de secours* et qui a fait 32 entrées sur la France. Sur la France ! C'est le record du monde ! Heureusement qu'elle a un peu de famille ! J'ai un copain qui y est allé une fois pour voir le film, il a demandé à quelle heure était la séance, on lui a répondu : « C'est quand vous voulez ! » Évidemment, les bides hein, ça se mesure !**

♦ **C'est un Belge qui a battu le record des 100 mètres ! il vient de courir 102 mètres.**

REDRESSEMENT Françaises, Français, c'était très bien. L'année prochaine, ce sera pire ! Eh oui, mesdames et messieurs, le pays va mieux que l'année prochaine ! Nous envisageons un redressement dans cinq ans ! En effet, dans cinq ans, nous serons considérés comme un pays sous-développé auquel viendront en aide des pays industrialisés ! Vous ne dites rien ? Tant mieux. De tous ceux qui n'ont rien à dire, les plus agréables sont ceux qui se taisent. Mais rappelez-vous que si la Gestapo avait les moyens de vous faire parler, les politiciens d'aujourd'hui ont les moyens de vous faire taire !

#VOUS POUVEZ CONFONDRE

En France, les RÉFORMES économiques ont autant d'effet que des piqûres dans des prothèses de fesses.

REGGAE Le reggae, c'est comme des Noirs ordinaires sauf qu'ils sont vachement mieux coiffés !

RÉGIME ♦ Je vais vous donner la solution idéale pour maigrir : secouez la tête de gauche à droite quand on vous propose un plat.
♦ Je commencerai un régime le jour où, pour chercher un truc dans ma poche, je serai obligé d'enlever mon pantalon.

#NE PAS CONFONDRE

RÉGIME ALIMENTAIRE Ce qui est bien avec les régimes, c'est que le deuxième jour est toujours plus agréable que le premier, parce que, en général, le deuxième jour, tu fais déjà plus ton régime.

et

RÉGIME SOCIAL Quoi qu'il arrive, même si le régime social est formidable, en Ukraine, on se gèlera les couilles, et en Floride, y fera beau.

RÈGLE La principale règle du face-à-face politique, c'est de traiter de menteur celui à qui l'on ment.

RÈGLES C'est un P.-D.G. qui est avec son bras droit, son homme de confiance. Il lui demande :
« Alors, l'usine d'automobiles, ça va bien ?
– Ça va très bien, j'ai fait les comptes, nous avons toujours huit sociétés, nous avons remonté la huitième, et tout va très bien.
– Et pour les rendez-vous à New York ?
– Ben, votre avion est prêt, vous allez partir tout de suite, ils sont tous prévenus, ils seront à New York à l'heure et, après, vous plongez directement sur le Golgotha et là, vous allez rencontrer des personnages éminents et après, vous rentrez. »
Et comme ça pendant deux heures, l'autre lui fait son planning. Au bout d'un moment le P.-D.G. dit :
« Tiens, c'est marrant, j'ai pas vu ma secrétaire, elle est peut-être indisposée… »
Et l'autre lui dit :
« Non, on est le 25. »

Ne pas CONFONDRE

Homme politique, c'est une professionoù il est plus utile d'avoir des RELATIONS que des REMORDS.

RENNE C'est un mec qu'arrive à la douane avec un renne. Le douanier lui demande :
« Qu'est-ce que c'est ça que vous tenez en laisse ?
– C'est mon chien.
– Il est grand vot'chien…
– Ben, y a toutes les tailles…
– Et il a des cornes…
– Mais sa vie privée ne vous regarde pas ! »

RENTRÉE ♦ Rentrée scolaire morose : manifestation de CGTristes.
♦ C'est des gosses, c'est la rentrée des classes. Le professeur demande : « Si ton papa achète 10 litres de vin rouge à 2,50 francs pièce, ça fait combien ? »
Et le gosse répond :
« Ça fait deux jours. »

RESSUREXÉ Le mec qui croit à la résurrection, il peut toujours aller se faire enterrer à côté de Marilyn Monroe, ça prouve pas qu'il va être ressurexé, si je peux me permettre d'inventer un mot qu'est pas dans le dictionnaire. Parce que, à la rigueur, l'espoir fait vivre, mais quant à mourir de ça, y a une marge !

RESTES C'est la nouvelle bonne à laquelle la patronne dit :
« Je vous préviens, ici, Marie, on a l'habitude de manger les restes !
– Ah, vous faites bien de me le dire, je vous garderai les miens ! »

RÉSULTAT(S) ♦ C'est un gars qui va voir le médecin pour un ketchup, merde, pour un check-up. Il revient ensuite chercher les résultats et le médecin lui dit :
« Ah ! là, là, j'ai bien peur que vous soyez en train de mourir.
– Combien de temps me reste-t-il ?
– Maximum dix…
– Dix ? Dix quoi ? Dix mois ? Dix semaines ? Dix quoi enfin ?
– Dix… neuf… huit… sept… »
♦ Le problème avec nos élections, c'est que le résultat compte pour les hommes politiques, pas pour nous.

♦ C'est un mec qui est chez le docteur. Il voulait pas y aller mais bon, sa femme, tout ça, bref, il y est. Le docteur lui dit : « J'ai le résultat de vos analyses ! Pas brillant, hein. Il faut tout de suite arrêter de boire, de fumer, vous coucher tôt…
– C'est bon, c'est bon, j'ai compris, ma femme est passée par là. »

RETRAIT (DE PERMIS) Maintenant, en cas d'alcootest positif, le retrait de permis pourra être immédiat. Pourquoi ils ne foutent pas un flic dans chaque bistrot pour arrêter les chauffards directement ?

RETRAITE ♦ Pauvres vieux. Comme avant chaque élection présidentielle, la retraite des vieux augmente un petit peu. Malheureusement, l'inflation augmente beaucoup.

♦ Regardez, la retraite à 60 ans. Pour tout le monde, c'est une loi. Bon, c'est une loi pour tout le monde, sauf pour ceux qui la font. Reagan, Gorbatchev… Mitterrand.

♦ Avec la retraite, les mecs ont assez de fric pour vivre peinards jusqu'à la fin de leurs jours. Sauf évidemment s'ils veulent acheter quelque chose.

TESTEZ *votre* VOCABULAIRE

Est-ce que tu sais ce que les Belges font au RÉVEIL ?

Ils le remontent.

RÉVOLUTION

♦ **Commencez la révolution sans nous. On préfère être cons et vivants que morts et pleins d'idées.**

♦ **Moi, le jour où j'ai vraiment compris qu'on avait perdu la révolution, c'est quand ils ont refusé de manifester le dimanche.**

#NE PAS CONFONDRE

Quelle est la différence entre un idiot RICHE et un idiot PAUVRE ?

Un idiot riche est un riche,
alors qu'un idiot pauvre est un idiot.

RICHE J'ai un copain qui a fait un mariage d'amour. Il a épousé une femme riche. Il aimait l'argent.

TESTEZ VOTRE VOCABULAIRE

À quoi reconnaît-on un Arabe RICHE ?

C'est celui qui a une poignée dorée
sur son marteau-piqueur.

RICHESSE Alors, le chemin de la richesse, c'est pas dur, je vais vous dire comment faut faire pour y aller : tu prends à droite, puis après tu prends à gauche, puis après tu prends en face, puis après tu prends derrière et quand t'auras pris partout, tu seras bourré de pognon.

RIGIDE Pour ces messieurs, la moralité devient rigide quand le reste ne l'est plus.

RINGARD **À propos de ringard, j'ai croisé un ancien comique. Il ne m'a pas dit bonjour. Si ça se trouve, il a pas la télé !**

RIZ Les restos chinois, j'ai horreur de ça. Ils n'ont pas d'urinoir, ils n'ont que du riz blanc !

ROI Le 10 mai, c'est pas une bonne date pour les rois. Y en a deux qui sont morts ce jour-là ! Louis XV et Giscard d'Estaing.

RÔLE Il ne faut pas oublier que le rôle des hommes politiques, c'est, le cas échéant, d'affirmer des incertitudes.

Ne pas

CONFONDRE

ROND et **ROND** Mon personnage de petit gros, je ne l'ai pas entièrement fabriqué. J'avais tendance à la bouffe, alors quand j'ai eu des ronds, je suis devenu rond. C'est vrai que j'ai arrondi le personnage avec ma coiffure qui fait une tête de petit gros. J'ai joué la carte que j'avais...

ROUX On vient d'apprendre que les roux avaient en moyenne 80 000 cheveux, alors que les bruns et les blonds en avaient en moyenne 140 000. Par contre, il y a plus de roux que de blonds. Comme quoi, ça va, on a des roux de secours.

S… comme schmilblick

« Moi, la seule chose qui me fasse rire dans “le schmilblick”, c’est que j’en aie vendu tant que ça ! »

SAC-POUBELLE Ça, c'est bien les bonnes femmes, c'est elles qui nettoient, qui cuisinent, qui remplissent les sacs-poubelle et ça serait à nous de les descendre ! Faut pas déconner !

SALADE C'est un mec qui est dans un restaurant. Il demande : « Monsieur, la salade, elle est pour deux ?

– Oui.

– Eh ben, pourquoi y a qu'une seule chenille alors ? »

SANDWICH Pendant dix ans, avant d'être connu, j'étais comédien, je mangeais des sandwichs, parce que j'avais pas de ronds. Puis après j'ai mangé des sandwichs parce que je n'avais plus le temps de becter, ce qui fait que, en fait, j'ai été nourri entièrement au sandwich.

SAPIN Une pensée émue pour la Société protectrice des sapins : à Noël, plusieurs de mes camarades sapins se sont fait enguirlander et c'est normal qu'ils aient les boules !

SCOUT J'ai vu qu'on allait projeter un film fait par des scouts. C'est pour rendre idiots ceux qui ont eu la chance de ne pas y aller ?

TESTEZ VOTRE VOCABULAIRE

Qu'est-ce qui est vert au fond d'un bois et qui pue ? Un scout mort.

SÉCURITÉ ROUTIÈRE **Je vais vous donner la meilleure définition que la sécurité routière ne m'a pas encore gaulée ! C'est un mec dans une bagnole qui a un train à prendre et il dit : « Chauffeur, roulez doucement, je suis pressé… »**

SEIN(S) ♦ J'ai été nourri au sein. Par mon père.

♦ C'est une bonne femme qui gueule après le chirurgien esthétique :

« J'vous ai d'mandé des seins en poire, pas en compote ! »

♦ C'est un type qui est au lit à poil avec sa copine également à poil. Il regarde ses seins et lui dit :

« Ah ! comme ils sont mignons ! Si je ne me retenais pas, je les ferais encadrer ! »

Et elle, en regardant sous les couvertures :

« Et lui aussi, il est mignon ! Si je ne me retenais pas, moi, j'en ferais plutôt un agrandissement ! »

♦ Un conseil aux filles qui n'ont pas de jolis yeux : ayez de gros seins et ça passera inaperçu !

SEXE ♦ **J'ai un scoop ! Le sexe masculin n'est pas un muscle ! Sinon, avec toute la gonflette que je lui ai fait faire depuis que je suis gosse, maintenant j'aurais une troisième jambe !**

♦ **C'est trois types qui se sont fait arrêter en Afrique par des réducteurs de têtes. On les attache à un arbre et on leur dit : « Voilà, on a décidé avec les sorciers, comme vous les Blancs vous avez un petit sexe, on va vous mesurer vos trois sexes en érection, et si à vous trois vous faites 40 centimètres, on vous relâche. »**

Ils commencent donc à mesurer. Le premier, 20 cen-

timètres, le deuxième 19 centimètres, les mecs commencent à être rassurés, il n'y a plus de problème, il ne manque qu'un centimètre. Alors le dernier baisse son froc et là, surprise, y a rien ou presque. Alors le mec se force, rougit, éclate presque, on le mesure, 2 centimètres ! Les mecs sont libres ! Alors le troisième, tout content, fait:

« Eh ben, les mecs, j'aurais pas bandé, on était tous morts ! »

♦ À un mariage, « Vive l'avariée ! », un mec surprend le marié planqué dans un coin, il est en train de peindre son sexe en jaune, jaune banane évidemment.

« Pourquoi tu fais ça ? demande le copain.

– Eh ben, comme ça, si elle me demande pourquoi c'est jaune, je saurai tout de suite qu'elle en a déjà vu d'autres. »

♦ Le troisième sexe ? Franchement, moi, je saurais pas où le mettre.

♦ Quand il y a une idée à émettre sur le sexe, je suis toujours pour que le sexe soit nu. La vieille France voudrait plutôt qu'on le cache. Moi, je pense que s'ils veulent cacher leur sexe, c'est qu'ils l'ont petit.

SEX-SHOP J'ai croisé une femme dans un sex-shop, son mari était en panne, elle venait changer les piles.

#NE PAS CONFONDRE

SÉCURITÉ et **LIBERTÉ**, c'est plus et moins ! Plus de sécurité pour les riches, moins de liberté pour les pauvres !

SIDA ♦ Le sida, c'est l'injustice sociale par excellence : on peut même plus faire l'amour entre pauvres.

♦ Moi, le sida, j'ai remarqué un truc ! Ça s'attrape surtout dans les journaux : en effet, ça fait les gros titres. Alors que le sida a fait 200 morts l'année dernière, la tuberculose, 1500 morts, le cancer, 13 000 morts. Et l'alcoolisme, 17 000 morts !

♦ Y a pas de solution ! Les rats, figurez-vous, les rats de laboratoire refusent de s'enculer... Qu'est-ce qu'ils viennent nous emmerder avec le sida ? Comme si les hémorroïdes, ça suffisait pas !... C'est pas très grave, hein ! Tu vas chez Midas, ils te changent le pot en trente minutes, mais enfin, bon...

Mais bon, comme dit mon docteur, le sida, ça peut s'attraper aussi sur les toilettes, hein ! Enfin, c'est pas là que c'est le plus confortable... Eh bien, maintenant, il y a une nouvelle psychose : les pédés donnent le sida. Eh bien, moi, je vais te dire : les femmes donnent le cancer. Quelle connerie !

♦ SIDA ! Sauvagement Introduit Dans l'Anus.

♦ Le sida, maladie unique dans les anales !

SKETCH **Le style de mes sketchs ? Il colle au personnage, il colle à mon physique. C'est la même chose pour tous les artistes. Essayez donc de faire chanter une chanson de Sheila à Barbara !**

TESTEZ votre VOCABULAIRE

Vous savez pourquoi je mets des SLIPS Épéda multispire ?

C'est pour pouvoir m'en gratter une sans réveiller l'autre.

SLOW Love Me Tender… La vache, qu'est-ce qu'on a emballé avec ça… Les slows ! J'te dis pas… Les larmes jusque dans le fond du froc…

Ne pas CONFONDRE

SOCIALISME et **CAPITALISME**
Le socialisme a été inventé par des gens, alors que le capitalisme n'a été inventé par personne. Le capitalisme existe depuis que le monde est monde. De tout temps, des gens se sont dit que ce serait bien de pouvoir faire faire son boulot par un autre.

SOCIALISTE Les socialistes ont le pouvoir, mais ils ne savent pas à qui le donner.

SOLDES Le président russe était à Paris pour les soldes aux Galeries Lafayette. Il était arrivé à crédit, il est reparti content.

SONDAGE ♦ **Les sondages, c'est formidable. On te dit pas comment voter, on te dit simplement comment tu as l'intention de voter. Et ensuite, tu votes selon cette intention.**

♦ **Salut les sondés ! 10 % des intentions de vote pour moi, ça veut dire que 90 % des mécontents hésitent encore. Je monte dans les sondages. Va-t-on me renvoyer « la censure » ?**

♦ **Les sondages, c'est pour que les gens sachent ce qu'ils pensent.**

♦ **Beaucoup de politiciens montent dans les sondages parce qu'à leur stade, pour descendre, il faudrait creuser.**

♦ **Sur un Français interrogé, un est d'accord.**

♦ **La seule chose dont on soit sûr avec les sondages, c'est que dans l'ensemble les sondages prouvent bien que les gens croient surtout ce que les sondeurs pensent !**

♦ **C'est n'importe quoi, les sondages ! Regardez celui-là : « Êtes-vous constipé ? » En tout cas, moi, j'aurais répondu non, parce que, franchement, ils font chier avec les sondages !**

SONNETTE Alors, c'est un Belge à bicyclette qui renverse une femme. Elle lui dit :
« Mais enfin, vous n'savez pas vous servir de la sonnette ?
– Si, je sais me servir de la sonnette, mais pas du vélo ! »

SOURCILS La qualité que je préfère chez un homme : les sourcils.

#NE PAS CONFONDRE

La cuisine anglaise, c'est simple ! Quand c'est froid, c'est de la bière, quand c'est chaud, c'est de la SOUPE.

SOURD Puisqu'on ne peut plus rien dire sans vexer les uns ou les autres, je ne dirai plus rien, ni contre l'armée ni contre personne. Je ne m'en prendrai désormais qu'aux sourds… Oui, j'emmerde les sourds !

SOURD-MUET C'est des sourds-muets qui sont dans un bistrot et qui tapent sur la table.
Un type, au bar, demande au patron :
« Mais qu'est-ce qu'ils font ?
– Tu vois, c'est des sourds-muets, quand ils tapent une fois, c'est pour avoir du Ricard ; deux fois, c'est pour avoir du vin blanc ; trois fois, c'est pour du vin rouge.
– C'est bien, c'est pratique. »
Un quart d'heure se passe, le patron a servi les sourds-muets, le type du bar jette un œil. Ils ne font plus un bruit, ils sont tous autour de la table, silencieux, la tête en l'air. Il demande au patron :
« Qu'est-ce qu'y font là maintenant ?
– Là maintenant, ils sont bourrés, ils chantent. »

SPORT

♦ **Quand il y avait du sport à la télé, mon père, y criait toujours : « Allez les verres ! », puis il s'en servait un autre.**

♦ **« Tu as fait quoi comme sport ?**
– J'ai été gardien de goal. C'est-à-dire que j'allais au foot avec un copain qu'était goal. »

♦ **« Vous faisiez quel sport quand vous étiez gamin ?**
– Chapardage au Prisu. »

♦ **Le sport, j'ai rien contre, je joue à la belote.**

TESTEZ *votre* VOCABULAIRE

Est-ce que tu connais la différence entre un SPORTIF amateur et un SPORTIF professionnel ?

Le sportif professionnel est payé par chèque.

SPORTIF Un sportif français qui gagne est un Français. Un sportif français qui perd est un sportif, pour ne pas dire plus.

STATISTIQUE Une statistique, c'est la même chose qu'un sondage, sauf que c'est vrai.

SUCCÈS ♦ **Le succès, faut pas croire, c'est une question de chance, tous les ratés vous le diront.**

♦ **Le succès, c'est comme les chaussures, il faut vendre la pointure. Si tu vends des trop petites, les mecs ont mal aux pieds. Si tu vends des trop grandes, ils ont des ampoules.**

SUPPORTER ♦ Depuis que le PSG caracole en tête du championnat de France de football, les supporters parisiens ont retrouvé une bonne raison de se bourrer la gueule. Ils en trouveront une autre si les résultats sont moins bons.

♦ « Tu sais que la France a gagné 5 à 0 hier ?
– Mais ils n'ont pas joué !
– C'est pas grave. Quand on est supporter, on est de mauvaise foi ! »

SURNOM J'ai commencé par chanter dans un resto, Le Vieux Bistrot, dans l'île de la Cité, puis dans un autre. Un jour, j'entre dans un cabaret pour chanter ; on m'engage pour faire la vaisselle. Je reste là plusieurs mois et j'y fais mes débuts de chanteur. Il y avait là deux jeunes qui venaient chanter le soir : Jo Moustaki et Maxime Le Forestier. C'est là aussi qu'on m'a donné ce surnom : Coluche.

SYNDICAT Les syndicats, c'est fait pour donner raison à des gens qui ont tort.

T… comme talent

« On dit que j'ai du talent.
Quand je serai mort,
on dira que j'avais
du génie. Moi, tant
que j'ai du pognon… »

TALENT ♦ J'étais dans une première affaire, qui s'appelait le Café de la Gare, qui a tout de suite marché, puis, après ça, j'ai joué tout seul, ça a tout de suite marché. Donc, j'avais pas une intention au départ. Je me suis pas dit : j'ai une culture donnée, à quoi est-ce que je vais utiliser ce talent. Non. J'ai découvert un talent au fur et à mesure que j'apprenais un métier, et je me suis retrouvé dans une situation…

♦ Du point de vue des critiques, un artiste a toujours un succès disproportionné à son talent.

♦ Il n'y a rien qui amuse plus les gens sans talent que d'entendre parler d'eux dans le poste. C'est pour ça que les hommes politiques font de la politique.

Ne pas CONFONDRE

Il faut se méfier des gens de BONNE VOLONTÉ parce que ça ne remplace pas le TALENT.

TÉLÉVISION ♦ La télé, à la rigueur je veux bien en faire, mais je veux pas la regarder !

♦ Alors d'après un sondage, hier soir il y avait 23 % de téléspectateurs qui regardaient la une, 26 % qui regardaient la deux et 44 % qui regardaient la télé éteinte. C'est trop. Il y a encore trop de gens qui regardent la télé sans l'allumer !

♦ La télévision fonctionne un peu à la manière de la police. On reçoit des ordres d'en haut et des dénonciations d'en bas.

♦ Les comiques devraient faire plus de télévision. C'est un moyen gratuit pour toucher des millions de spectateurs. Moi, j'irais bien plus souvent, mais j'ai peur que ce soit Sacha Distel qui me raccompagne.

♦ C'est ça le problème à la télévision : il y en a tout le temps qui gueulent ! « Oh, on passe des films cochons avec le carré blanc en travers, ah, on passe des films de violence, tout ça ! » Mais qu'est-ce tu veux faire, dans un pays où les flics violent dans les commissariats, c'est pas la peine d'interdire la télé !

♦ On ne peut pas dire que la télévision soit un vrai service public. Par exemple, elle oublie les insomniaques. Pour moi, gouverner, c'est gouverner en tenant compte de tout le monde. C'est comme le téléphone. J'ai parlé avec le président des bègues de France. Il m'a dit : « C'est pas no-normal qu'on-qu'on paie aussi cher que-que les autres. » C'est vrai, non ?

♦ La télé dans les prisons : ils avaient déjà les barreaux, maintenant, ils ont les chaînes !

TEMPS « Le temps est relatif » : c'est vrai. Prenez un rendez-vous pour le 30 mars, pointez-vous le 31, ça vous fait un jour de retard. Mais prenez rendez-vous pour le 31, et pointez-vous le 1er avril, et ça vous fait déjà un mois de retard !

TIERS-MONDE

Tiers-monde ! La soif touche à sa faim.

TIMBRE Moi, les hommes politiques, j'appelle ça des timbres. Des timbres, vous voyez ? De face, ils vous sourient, ils sont figés. Si jamais vous leur passez la main dans le dos, alors là, ça colle, vous en sortez plus !

TIMIDITÉ C'est un réflexe de timidité pour moi de faire le clown.

TRAC

Le trac, c'est une vaste blague. Ça a été inventé par des comédiens pour empêcher les autres de le devenir.

TRANSSEXUEL Transsexuel, pourquoi pas ? Moi, je veux bien changer de sexe. Mais à condition qu'on m'en donne un plus gros !

#NE PAS CONFONDRE

Je m'amuse où les autres travaillent, contrairement au gynécologue qui, lui, travaille là où les autres s'amusent !

TRAVAIL ♦ **Vous savez à quoi on reconnaît le travail ? C'est mal payé, c'est chiant et c'est long. Moi, ce que je fais, c'est bien payé, c'est court et je me marre ! Enfoirés, excusez-nous !**

♦ **C'est très dur de ne rien faire du tout. Regardez : les gens qu'on a forcés à rien faire, comme dans l'Administration, c'est pas rare qu'ils aient un hobby en dehors de leur travail.**

♦ **Le meilleur moyen d'enrayer l'hémorragie des accidents du travail est sans doute d'arrêter de travailler. Ce qui aurait malheureusement pour conséquence immédiate d'augmenter les accidents de vacances.**

♦ **Le travail, c'est pas un but dans la vie. Le but, c'est quand même d'arriver à rien foutre ! Je comprends pas pourquoi on me demande toujours pourquoi je veux arrêter. Moi, ce que je me demande, c'est pourquoi je continuerais.**

♦ **C'est un patron qui appelle un employé et qui lui dit : « Je n'ai pas l'habitude de mélanger le plaisir et le travail mais je vais le faire, je vais vous foutre dehors ! »**

♦ **Le travail, c'est bien une maladie, puisqu'il y a une médecine du travail.**

TROMPE-L'ŒIL Jean-Marie Le Pen a déclaré que les Restaurants du Cœur étaient une opération trompe-l'œil. Ce qui, effectivement, est emmerdant pour lui qu'en a qu'un.

TRONCHE Avec la tronche que j'ai, je peux me permettre d'être très méchant sur scène. On pardonne tout à un bon petit gros.

V… comme vulgaire

« Moi, je suis d'accord avec ceux qui me trouvent vulgaire parce que ça m'intéresse effectivement plus de jouer avec le moche qu'avec le beau. »

#NE PAS CONFONDRE

VAGIN et **MAIN** Mon mec, un jour, il est arrivé chez mes parents. Il a dit: « Monsieur, j'suis venu demander le vagin de votre fille. » Alors mon père lui a dit: « Vous voulez dire la main ?
– Eh bien, non... Si c'est pour faire ça à la main, j'ai la mienne ! »

VACANCES ♦ Un patron convoque un de ses employés et lui demande: « Tu aimes le vin tiède ?
– Non.
– Tu aimes les femmes qui transpirent sous les bras ?
– Non.
– Formidable, alors tu prendras tes vacances d'été en hiver. »

♦ Aujourd'hui, les enfants, si on vous demande le moindre boulot, vous dites non, parce que non seulement c'est les vacances scolaires mais, en plus, c'est mercredi... Double couche de vacances !

VACHE ♦ C'est une vache qu'est sur une voie ferrée, et elle voit le train qu'arrive de très très loin et elle crie : « Meuh ! Meuh ! Meuh ! » et le train arrive sur elle, il fonce sur elle, évidemment puisqu'elle est sur la voie et elle crie : « Meuh ! » et le train l'écrase. Le cri-meuh ne paie pas.

♦ Les Soviétiques avaient réussi à créer une race de vaches dotées de cous de girafe : elles bouffaient en Pologne et se faisaient traire en URSS.

VEDETTE ♦ Ça change la vie, d'être vedette. Énormément. Vous n'avez pas moins d'amis, mais davantage d'ennemis.
♦ Question fric, le mec qui n'est pas américain mais qui a quand même du talent pour devenir une vedette, il est dans la merde s'il est né en Pologne !

Ne pas
CONFONDRE

J'ai décidé de devenir comédien à 22 ans. C'est alors que j'ai commencé à aller au cinéma. Et à faire quelques constatations. Jean-Paul Belmondo, quand il est sur l'écran, tout ce qu'il fait est intéressant. Le gars qui lui donne la réplique, tout ce qui lui arrive, on s'en fout. Donc, Belmondo est une vedette, et l'autre gars n'est qu'un comédien. J'ai donc cherché ce qui différenciait la VEDETTE du COMÉDIEN. Les yeux étaient très importants… Et je me suis dit : faut essayer de copier une vedette, de lui piquer ses trucs. Pas Belmondo, bien sûr, avec ma tête… Alors une autre. Et comme j'avais trouvé les yeux très importants, je suis allé, tous les jours, voir tous les films de Liz Taylor, et je lui ai absolument tout piqué. Évidemment, c'est impossible à voir, surtout aujourd'hui où je l'ai beaucoup transformée, mais tous ses tics, je les ai gaulés.

VENTRE À Rio, un Boeing n'a pas réussi à sortir le train – accident de train donc, ce qui, pour un avion, est quand même le comble. Il a dû se poser sur le ventre. Les travestis sur place ont déclaré : « Nous, on est habitués à atterrir sur le ventre, y a aucun problème et personne nous emmerde ! »

VERDICT C'est un mec qui est devant les assises, enfin lui est debout, et il attend le verdict du procès. Son avocat est allé tendre une oreille à la salle du jury et il revient. Le mec lui demande : « Alors, j'ai ma chance ?
– Je pourrais pas vous le dire, mais ce que je crois, en revanche, c'est que vous aurez le choix entre l'alternatif et le continu. »

VÉRITÉ ♦ **L'art de dire la vérité sans mentir, c'est fermer sa gueule.**

♦ **Un hebdo titre : « Traître ou victime, toute la vérité sur Pétain ! » Je voudrais bien savoir où, dans la déontologie professionnelle, les journalistes trouvent le culot de dire la vérité quarante ans après. Ils ont mis quarante ans à trouver la vérité ou ils se sont déballonnés pendant quarante ans ? Ils n'attendent pas quarante ans pour se foutre de notre gueule en tout cas !**

♦ **Des sondages ont révélé que 82 % de la population pensent que les hommes politiques ne disent pas la vérité. Imaginez que l'un d'eux obtienne ce pourcentage aux élections, il serait élu haut la main.**

♦ **À 20 heures, à la télé, quand tous les pauvres sortent du travail, on ne peut pas dire toute la vérité. Sinon, la majorité n'irait pas travailler le lendemain.**

♦ **On me reproche deux choses : de dire quelquefois la vérité et de tenir des propos en dessous de la ceinture. Je dirai au contraire que, pour la vérité, on fait ceinture, et on est toujours en dessous de la vérité.**

#NE PAS CONFONDRE

C'est pas parce qu'on dit la vérité qu'on dit du mal et c'est pas parce qu'on dit du mal qu'on dit la VÉRITÉ !

VETO Alors vous, vous pouvez proposer toutes les solutions. Eux, ils disent oui, ou ils disent non ! Comme disait mon père : « L'avenir appartient à ceux qui ont le veto ! »

VIANDE Madame Tas-de-Chair est ainsi appelée à cause de la viande qui lui pousse autour des os.

VIBROMASSEUR Dans la catégorie sex-appeal, nouvelle victoire du vibromasseur !

Ne pas CONFONDRE

Je rappelle qu'aux échecs, si la **VICTOIRE** est brillante, l'échec est mat !

VIE La vie commence à 40 ans, d'accord, mais moi, je vous conseille quand même de pas attendre jusque-là si vous voulez pas rater l'essentiel !

VIEUX Depuis que j'ai vu les Rolling Stones à la télé, je me suis remis à aimer les vieux.

TESTEZ *votre* VOCABULAIRE

Vous savez ce que c'est qu'une VIEILLE fille ?

C'est la veuve d'un célibataire.

VIGNETTE L'année prochaine, la vignette auto sera ronde. On l'aura dans le cul tout pareil, mais, au moins, on ne se blessera pas avec les coins.

VIOL ♦ Un viol, c'est de un à six ans de prison. Je sais pas en fonction de quoi on a un ou six ans, c'est pas précisé. Peut-être qu'il y a des mecs qui ont plus violé que d'autres, à moins que ce ne soit un problème de taille, je ne sais pas, moi, une espèce de prix au poids.

♦ C'est une gonzesse tout ébouriffée qu'arrive au commissariat.
« J'ai été violée, dit-elle aux flics.
– Pas possible ?
– Si, et par quinze types.
– Quinze ? de la police ?
– Non, pas cette fois.
– Alors, vous inquiétez pas, on va les retrouver.
– Oh, pas tous, s'il vous plaît. Vous pourriez pas m'envoyer le deuxième, le huitième et le onzième ? »

♦ Récemment, une femme se plaignait à la direction d'Air France d'avoir été violée pendant le viol, euh, le vol par un steward. On lui a répondu :
« Écoutez, vous étiez en classe économique, vous vouliez quand même pas être violée par le commandant ! »

VIOLON ♦ Le violon, pour les aveugles, faut se méfier. Paraît que c'est très dangereux, le violon... Ben, t'as pas vu dans le métro, y a que des aveugles qui jouent !

♦ « Je voulais savoir si tu avais un truc quand tu jouais du violon avec des gants de boxe ?
– Je vais te dire, oui, il y a un truc, il y a un an et demi de boulot. »

♦ J'aime jouer du violon avec des gants de boxe. Parce que quand on les enlève, c'est plus facile.

VISON C'est un mec qui rentre chez sa femme :
« Tu vas être contente, j't'ai acheté un vison.
– Super !
– Mais je te préviens. Que la cage soit toujours propre, sinon je le vire ! »

VOILETTE C'est deux femmes dans la rue qui sont en noir avec une voilette. Y en a une qui s'approche de l'autre et qui dit :
« Vous aussi vous êtes veuve ?
– Non, moi, je suis moche. »

VOITURE Les mecs, y font des voitures sans permis, y feraient mieux de faire des voitures sans alcool !

TESTEZ *votre* VOCABULAIRE

Tu sais comment elles font les mamans visons pour avoir des petits visons ? Elles font comme les femmes pour avoir des VISONS.

VOIX ♦ **Les voies de gauche sont limitées, même sur les autoroutes maintenant, dis donc !**

♦ **Le président de la République est élu avec 11 millions de voix, alors qu'il y a 55 millions de Français. Moi, quand je fais un tabac dans mon métier, je vends 1 million de disques, alors qu'il y a 18 millions d'électrophones. On est toujours vedette avec un minimum de public.**

♦ **Comme dit un cadre du parti communiste après une élection : « Ça me laisse sans voix ! »**

♦ **Parfois, il suffit de relire ou de redire à haute voix ce qu'a dit un type sans rien changer et on fait rire toute une salle.**

VOL L'hôtesse : « Nous espérons que vous avez été heureux de ce vol. » Coluche : « J'avais bien dit que c'était du vol ! »

VOLER ♦ Voler, c'est quand on a trouvé un objet avant qu'il soit perdu.

♦ On m'a volé ma moto. Je vais m'en acheter une autre. Si les voleurs ont une préférence pour la couleur, qu'ils m'écrivent !

VOYANTE **C'est une voyante qui téléphone à une autre voyante et qui lui dit : « Allô ! Vous allez très bien, et moi-même ? »**

VULGARITÉ ♦ La vulgarité, c'est quand un chanteur parle de sa feuille d'impôts au président de la République, lorsque celui-ci l'invite à déjeuner.

♦ Sont vulgaires les mecs qui chantent l'amour devant tout le monde et se cachent pour le faire !

TESTEZ ***votre*** **VOCABULAIRE**

Je crois que la grande différence qu'il y a entre les oiseaux et les hommes politiques, c'est que, de temps en temps, les oiseaux s'arrêtent de VOLER.

W… comme whisky

« Fait divers de la vie quotidienne : une affaire de gros saoul. C'est un petit garçon qui vient dire à sa mère : "Maman, maman, il y a papa qui vient de se casser la gueule dans l'escalier avec deux litres de whisky.

- Il n'en a pas mis partout, j'espère ?
- Oh non, il a gardé la bouche bien fermée !" »

X… comme porno

« Les films pornos,
on les reconnaît à ce que
les acteurs sont filmés
sans la tête. Donc, pour
ceux qui n'en ont jamais vu !
mettez la télé plus bas ! »

Y… comme yeux

« Quand les filles
ont les yeux cernés,
c'est que la place
est prise. »

YAOURT Les yaourts ont une date de garantie. C'est parce que c'est garanti ou remboursé, les yaourts. C'est-à-dire que si vraiment tu meurs de ça, on te rembourse le yaourt.

YEUX C'est un petit garçon qui n'est pas rentré de l'école. Affolés, ses parents sortent et le cherchent partout sur le trajet. Dans une impasse un peu sombre, ils croisent un type carrément tibulaire, un mec louche quoi, très louche.
Ils lui demandent :
« Pardon, monsieur, vous n'auriez pas vu un petit garçon blond avec des yeux gris ? »
Le type ouvre la main et leur demande :
« Des yeux comme ceux-là ? »

YO-YO Catastrophe maritime ! Un bateau chargé de Yo-Yo a coulé… 47 fois.

Z… comme zodiaque

« Mon signe du zodiaque ? Scorpion ascendant Taureau : la queue en l'air et la tête en avant. »

Z

TESTEZ votre VOCABULAIRE

ZÈBRE Tu sais pourquoi on appelle les zèbres des zèbres? Parce qu'au début, y a un mec qui les a vus passer et qu'a dit: « Oh! regarde ces drôles d'animaux, ils courent comme des zèbres! » et ça leur est resté.

ZÉRO **C'est un gosse qui rentre de l'école et son père lui dit:**
« Mais, pourquoi t'as toujours zéro?
– Ben, c'est parce qu'y a rien d'plus bas comme note. »

ZIZZARD C'est un juif qui rencontre un autre juif. Il lui demande:

« Qu'est-ce que tu fais maintenant?

– Je m'occupe des zizzards.

– Comment ça, tu t'occupes des zizzards?

– Oui, j'achète des zizzards. Là, je suis parti acheter un autre couple de zizzards.

– Mais, tu les paies cher?

– Ça dépend.

– Parce que je peux t'en vendre, si tu veux.

– Ah oui, combien tu les vends?

– Je te vends deux zizzards 17 000 francs.

– C'est trop cher, je veux les deux pour 7 000.

– Ben, d'accord. »

Ils s'en vont et celui qui vient de vendre rencontre un copain. Il lui demande: « Dis donc, tu sais ce que c'est des zizzards, toi? »

ZOBSOLÈTE Une histoire zobsolète maintenant: c'est un vieux mec qu'a la maladie des Rolling Stones, de Parking stone, pardon, et qui entre dans un bordel en demandant: « Je veux cinq filles ! »
On les lui donne, ils montent. Et là, il se couche, deux filles le tiennent par les bras, deux autres par les jambes pour qu'il arrête de bouger dans tous les sens et la cinquième lui monte dessus, elle le chevauche comme on dit. Dès qu'elle est en place, le vieux crie: « C'est bon maintenant, lâchez-moi ! »

ZOO ♦ C'est deux jeunes starlettes qui sont devant deux vieux singes au zoo, deux vieux singes mâles, avec des cheveux blancs, deux pauvres vieux singes, comme ça, ils sont là, gnein, gnein, ils font des grimaces, ils mâchonnent une vieille cacahuète, ils ont les ch'veux blancs, tout ça et y en a une qui dit à l'autre: « Regarde, c'est formidable, il ne leur manque que l'argent ! »
♦ C'est deux singes dans un zoo après une explosion atomique. Ils sont les deux seuls survivants, il n'y a plus qu'eux au monde. Alors le mâle se retourne vers la femelle et demande: « Qu'est-ce qu'on fait: on r'commence ou on laisse tomber ? »

DICTONS ET PROVERBES #1

Il faut se méfier des proverbes. Il y avait un proverbe dans le cinéma qui disait : tant va la cruche à l'eau qu'à la fin Brigitte Bardot voulait plus tourner du tout !

SI VOUS NE FAITES PAS AUJOURD'HUI CE QUE VOUS AVEZ DANS LA TÊTE DEMAIN VOUS L'AUREZ DANS LE CUL.

Une balle perdue, dix de retrouvées, comme disent les mecs morts à la guerre.

Si c'est Pierre qui roule, mets-le sur l'oreille, tu le fumeras demain !

QUI AIME BIEN CHARRIE BIEN.

COMME DIRAIT LE PEN, LE SIDA SALIVE PAS QU'AUX AUTRES.

UNE FILLE DE JOIE EST LÀ POUR CONSOMMER LES HOMMES DE PEINE.

Plutôt que de se parfumer de partout, il vaut mieux puer de nulle part.

Il vaut mieux voter pour un couillon comme moi que pour quelqu'un qui vous prend pour un couillon.

COMME DISAIT GEPETTO LA COLLE À BOIS ET LA CARAVANE PASSE.

SI LES FEMMES ÉTAIENT BONNES, DIEU EN AURAIT UNE.

DICTONS ET PROVERBES #2

ON FAIT PAS D'AVEUGLES SANS CASSER DES YEUX.

Les comiques ne sont jamais DRÔLES dans la vie, sauf moi.

LE PLUS DUR, C'EST PAS D'ARRIVER AU SOMMET, C'EST D'Y ÊTRE.

En matière de loi, y a deux catégories d'emmerdeurs : ceux qui les appliquent et ceux qui les appliquent pas.

Partant du principe qu'il vaut mieux gâcher sa vie que rien faire du tout, on va continuer, nous, qu'est-ce t'en penses ?

ON A BEAU DIRE, EH BAH, DES FOIS, C'EST LE CONTRAIRE !

Le cinéma français vit de ses comédies et récompense ses drames.

QUAND LINE RENAUD VA CHANTER AU CANADA, ELLE FAIT UN MALHEUR, QUAND ELLE REVIENT, ELLE EN FAIT UN AUSSI. UN MALHEUR N'ARRIVE JAMAIS SEUL !

Proverbe belge : rien dire, c'est se taire !

DICTONS ET PROVERBES #3

ON NE DOIT PAS
CROIRE
TOUT CE QU'ON NOUS DIT.
MAIS ON PEUT
LE RACONTER...

Si tous ceux qui n'ont rien n'en demandaient pas plus, il serait bien facile de contenter tout le monde.

Si on en profitait pour s'emmerder à chaque fois que c'est triste, eh bien, ça ne serait pas gai !

COMME DISAIT YUL BRYNNER, ON EST PEU DE CHAUVES !

C'est pas parce qu'ils sont nombreux à avoir tort qu'ils ont raison !

UNE MAXIME DE CHARCUTIER CHINOIS :
LA RONDELLE
NE FAIT PAS LE PRINTEMPS.

QUI PRÊTE AUX RICHES
PRÊTE À RIRE.

Ça fait beaucoup marrer le public de voir qu'on peut se moquer de la politique alors que, dans l'ensemble, c'est surtout la politique qui se fout de nous.

CE SERAIT
RACISTE
DE PENSER QUE
LES ÉTRANGERS
N'ONT PAS LE DROIT
D'ÊTRE
CONS.

Si Dieu
n'existait pas, les catholiques l'auraient inventé.

SI LA FEMME ÉTAIT DE CONFIANCE,
LE DIABLE N'AURAIT PAS DE CORNES.

DICTONS ET PROVERBES #4

« Ça se rafraîchit ! » comme on dit quand on a rien à dire !

QUAND LES HOMMES CESSERONT DE CROIRE EN DIEU, ILS CROIRONT EN N'IMPORTE QUOI.

Qui pond un ŒUF pond une poule puisqu'on ne sait pas qui a commencé !

SI JAMAIS NOS HOMMES POLITIQUES SE METTAIENT À TENIR LES PROMESSES QU'ILS FONT, IL LEUR FAUDRAIT LE BUDGET DES ÉTATS-UNIS.

J'ai remarqué que les mecs deviennent souvent cons à l'âge où il leur pousse des dents en or !

Pour qu'un écologiste soit élu président, il faudrait que les arbres votent.

On a pas besoin d'être RICHE ET CÉLÈBRE pour être heureux, IL SUFFIT D'ÊTRE RICHE.

TANT VA LA CRUCHE À L'EAU QU'À LA FIN Y A PLUS D'EAU !

SI LA GAUCHE EN AVAIT, ON L'APPELLERAIT LA DROITE !

On dit que, si jamais y en a un qui meurt, dans l'Administration, sur le lieu de service, il faut lui retirer les mains des poches pour faire croire à un accident du travail !

— Faire un malheur au théâtre — c'est faire plein de petits bonheurs.

DICTONS ET PROVERBES #5

J'AIME BIEN L'AMOUR TEL QU'ON LE PENSE, MAIS J'AIME AUSSI L'AMOUR TEL QU'ON LE FAIT.

Certains commencent à l'extrême gauche et finissent à l'extrême droite : il paraît que c'est un chemin qu'on fait avec l'âge. J'espère mourir avant.

ON DIRA CE QU'ON VOUDRA, MAIS SE **MOQUER** DE QUELQU'UN, C'EST QUAND MÊME UNE MANIÈRE COMME UNE AUTRE DE SE **FOUTRE** DE SA GUEULE !

SI LES CHIENS SE LÈCHENT LES TESTICULES, C'EST PARCE QUE EUX, ILS Y ARRIVENT.

Si les Français marchandent, c'est pas parce qu'ils sont malins, c'est parce qu'ils n'ont pas de ronds.

Il y a des croyants qui ne sont pas pratiquants, puis il y en a qui croient pas parce que c'est plus pratique.

Comme y diraient les Suisses, quand on voit ce qu'on voit, et qu'on entend ce qu'on entend, ben, on a raison de penser ce qu'on pense !

Les pauvres sont des gens comme nous, sauf qu'ils ont pas d'argent.

DANS UN PROCÈS, VOUS AVEZ LES AVOCATS **VERS VOUS**, ET LES AVOCATS **VÉREUX.**

PLUS ON PÉDALE MOINS FORT, MOINS ON AVANCE PLUS VITE.

On est pas payé pour ce qu'on vaut mais pour ce qu'on rapporte.

DICTONS ET PROVERBES #9

JE SUIS POUR L'AMOUR À TROIS. PARCE QUE SI Y EN A UN QUI S'ENDORT, il reste toujours à qui parler.

LA BONNE SANTÉ N'EST QUE LA PLUS LENTE DES FAÇONS DE MOURIR.

Ne faites pas aux *truies* ce que vous ne voudriez pas qu'on vous fasse !

Quand une plaisanterie a besoin d'explications, c'est qu'il valait mieux pas la faire.

UNE PENSÉE CHINOISE : LA LUXURE, C'EST LA COUPE DES VICES.

CONTRAIREMENT À LA POLICE, L'ERREUR EST HUMAINE.

Faut pas se leurrer, dans la vie, tu commences par croire au père Noël, puis tu ne crois plus au père Noël, ENFIN TU DEVIENS LE PÈRE NOËL.

NOMS PROPRES

A

ACADÉMIE FRANÇAISE C'est une jeune femme, genre propre sur elle comme à l'intérieur. Elle est mariée avec un vieux de l'Académie française, donc encore un peu vert. Sa mère lui demande :
« Vous couchez ensemble ?
– Oui.
– Et alors ?
– Alors il lit des livres.
– C'est tout ? Il ne te touche pas ?
– Si, des fois il mouille son doigt pour tourner la page. »

ALLAIS (ALPHONSE) Il y a encore un mec qui m'a écrit hier en me disant : « T'as piqué des trucs à Alphonse Allais. » Ben, je vais me gêner peut-être, je vais me gêner de piquer des trucs à Alphonse Allais… Il est mort !

AMÉRIQUE DU SUD Il y a encore eu une espèce de putsch en Amérique du Sud. On n'en parle pas parce qu'il y en a un tous les jours là-bas et qu'il y en aura encore un tous les jours parce que, comme vous le savez, il reste sur ce continent 270 millions de personnes qui n'ont pas encore été présidents !

TESTEZ *votre* **VOCABULAIRE** **M. et Mme Camélia ont un fils, il est connu, il est chanteur, comment s'appelle-t-il ?** Adamo.

ANGLAIS J'y connais rien, mais je suis assez d'accord pour que les Anglais ne s'occupent pas de bouffe dans la CEE. Qu'ils se contentent de produire des cuvettes pour vomir.

ANTHONY (RICHARD) « Richard Anthony, je me demande comment il faisait avec ce gros bide pour swinguer autant à l'époque...
– Il était moins gros que ça à l'époque...
– Ah bon, il a pas toujours été gros ?
– Si, mais moins que maintenant...
– Tu vois, il était quand même vachement grassouillet pour un maigre ! »

ARABE Les Arabes ont fait beaucoup de progrès. Maintenant, y en a des riches. Y en a aussi des pauvres, rassurez-vous ! Vous n'allez pas être obligé de bosser tout de suite.

ARC (JEANNE D') ♦ Jeanne d'Arc... et les flèches donc, mais qui ne l'ont pas percée, puisqu'elle était pucelle... et vous savez comment on a su qu'elle était pucelle ? Parce que, quand on l'a brûlée, il n'y avait pas de tirage.

♦ Jeanne d'Arc, c'était pas une affaire. Deux mètres vingt. Rien qu'assise, il fallait lui monter à manger. Elle entendait des voix, des voix de garage !

ARGENTINE Tu imagines un arbitre suisse en Argentine accorder un penalty à la France contre les Argentins ? Non mais, de toi à moi, tu as déjà essayé, toi, de sortir d'un stade dans lequel il y a 80 000 personnes qui ne veulent pas que tu sortes ?

ASSEDIC Toujours le trou dans la caisse des Assedic. Déjà les chômeurs, il fallait qu'ils trouvent du travail, maintenant, en plus, il faudra qu'ils trouvent du pognon !

B

BACH (JEAN-SÉBASTIEN) J'ai fait tellement de fugues que j'aurais dû avoir mon Bach.

BADINTER (ROBERT) Robert Badinter 2 à 0.

BANGKOK C'est une grande ville pauvre, pleine de Jaunes. Ils l'ont construite juste un peu en dessous du niveau de la mer, à 50 centimètres en dessous. Ce qui fait que, quand il pleut, et il pleut souvent, on a tout de suite les pieds dans l'eau. C'est amusant. Sauf pour ceux qui dorment par terre.

BARCLAY (EDDIE)

♦ **Il paraît qu'au lit Eddie Barclay est un véritable pur-sang : il n'y a pas moyen de le dresser !**

♦ Barclay s'est encore marié une jeunette. Je suis allé bouffer avec eux au restaurant hier. Le serveur a demandé à la petite :
« Qu'est-ce que ce sera ?
– Une escalope.
– Et pour légume ?
– Donnez-lui la même chose ! »

♦ Eddie Barclay, il les épouse de plus en plus jeunes, lui. Remarque, c'est bonnard, parce que, comme ça, ce qu'il arrive plus à faire, elles savent pas encore que ça existe !

BARDOT (BRIGITTE) ♦ Brigitte Bardot sera la marraine des enfants d'Yves et de Véronique Mourousi. Pour le cas où ce seraient des phoques.

♦ C'est un curé dans un resto qui sort des chiottes et tout le monde rit. Il s'étonne :
« Mais enfin, qu'est-ce que c'est, c'est parce que j'suis curé qu'on rigole ? »
Et un mec lui dit :
« Non, il faut pas vous fâcher, c'est parce que, vous avez vu la p'tite figurine représentant Brigitte Bardot dans les chiottes, eh ben, quand on soulève sa jupe, ça allume la lampe, là ! »

BARRE (RAYMOND)

♦ **Raymond Barre respire l'honnêteté. Le problème, c'est qu'il est asthmatique.**

♦ À cause de ses roupillons répétés à l'Assemblée nationale, Raymond Barre pourrait être oreiller de la liste.

♦ Raymond Barre s'est dit touché par le chômage. Il a dit que, pour qu'il y ait moins de chômeurs, il fallait que les gens travaillent plus et qu'on ait davantage le droit de licencier. Donc, si vous voulez, plus on fout de gens à la porte, moins il y aura de chômeurs selon lui. Eh bien, j'ai l'impression qu'il y a un des deux cons entre lui et moi qui comprend pas ce qu'on dit. Touché, oui, à la tête !

♦ Bernard Pons a dit que Raymond Barre était une « monstruosité politique ». Il aurait pu rajouter biologique.

♦ Vous savez que, grâce à Raymond Barre, tout le monde est boulanger en France ? Amis dans le pétrin, bonjour !

♦ Raymond Barre est descendu à 43 %. Malheureusement, le sondage ne précise pas s'il s'agit de matières grasses

♦ Raymond Barre met les points sur les i : « Ma politique économique est bien celle du chef de l'État ! » Voilà qu'il balance les copains maintenant !

♦ M. Barre a déclaré : « Le bout du tunnel est pour l'an prochain. » Voilà une phrase que cet homme pourra répéter toute sa vie s'il le désire.

♦ Raymond Barre n'a jamais été aussi populaire que depuis qu'il n'a plus rien fait.

BELGE ♦ Si on s'intéresse pas au fait que l'essence a augmenté deux fois en France pendant qu'elle baissait deux fois en Belgique, par exemple, on saura jamais qu'on est plus cons que les Belges.

♦ C'est un Belge qui est envoyé sur la Lune pour faire des photos de la Terre. Quand il revient, on s'aperçoit qu'elles sont toutes floues. On lui demande comment ça se fait et il répond :
« C'est normal, j'ai eu beau gueuler, les gens n'arrêtaient pas de bouger ! »

♦ Voici notre séquence « Trente millions d'amis », nos amis les Belges. C'est une histoire qui nous est envoyée par notre ami belge : M. Ventenpoupe. C'est en Belgique, une fille qui a été violée et alors elle est au commissariat de police pour les confrontations. On a arrêté des suspects qu'on a mis la face au mur et on les retourne un par un pour voir sa réaction. Le premier se retourne, elle dit rien, le deuxième se retourne, elle dit rien, le troisième se retourne, elle dit rien et le quatrième se retourne et il crie : « C'est elle ! »

♦ On a tendance à dire que les Belges sont des cons, mais toutefois je préconise la méfiance, étant donné que, rien qu'en France, j'ai rencontré personnellement plus de cons que de Belges.

TESTEZ *votre* VOCABULAIRE

♦ Vous savez ce que disent les Belges qui ne sont pas flamands ?

« À la rigueur, on veut bien passer pour des cons mais pour des Belges, jamais ! »

♦ Comment reconnaît-on un Belge dans une partouze ? C'est celui qui baise sa femme.

♦ Savez-vous ce que les Belges font des vieux camions de pompiers qui ne marchent plus ? Ils les gardent pour les fausses alertes.

BELGIQUE ♦ C'est tout petit, la Belgique, tu fais un excès de vitesse, t'es déjà à l'extérieur...
♦ Ce que c'est beau la Belgique ! C'est comme la Corse. Y aurait pas les Belges...

BELMONDO (JEAN-PAUL) Pour Belmondo, je tournerais gratis. Je déteste les seconds rôles maintenant que j'ai les premiers, mais s'il voulait de moi, j'accepterais bien de courir derrière lui tout au long d'un film.

BERGMAN (INGMAR) Je préférerais manger un pudding sans boire plutôt que de voir un film de Bergman !

BERLIN Berlin, un mur, deux mondes, une seule boisson : Coca-Cola.

BIRKIN (JANE) ♦ Jane Birkin, elle est mignonne, le seul truc, c'est qu'il faut faire gaffe à ce qu'elle n'ait pas la chair de poule, sinon tu sais plus où sont ses seins !
♦ Le clergé a beaucoup discutaillé pour savoir qu'est-ce que si Galilée avait eu raison, que la Terre était ronde, qu'elle tournait, que si les autres, qu'est-ce qu'ils disaient que si la Terre était plate, alors donc, etc., bref, finalement, y a un évêque qui s'est levé pour apporter du poivre à son moulin et qui a dit : « C'est curieux parce que Jane Birkin, elle est plate et pourtant, au cinéma, elle tourne ! »

BIZET (GEORGES) Il paraît que Georges Bizet beaucoup.

BLANC (MICHEL) Michel Blanc vient de tourner *Marche à l'ombre*. C'est normal, Blanc, y va pas aller marcher au soleil s'il veut rester Blanc ! Nan, je déconne, mais pendant le tournage des *Bronzés* en Afrique, les Noirs l'avaient surnommé l'« homme sans nom ». Tu penses, Michel Blanc !

BOKASSA (JEAN BÉDEL) Jean Bédel Bokassa, quand il s'est sacré lui-même empereur, on lui avait envoyé avec des copains en cadeau un camembert qui fait « pouet ! » quand on appuie dessus avec un couteau.

BOURSE Des nouvelles de la Bourse : hausse de la chemise, baisse du pantalon et va-et-vient dans la fourrure !

BOUTEILLE (ROMAIN) ♦ **Romain Bouteille, ça a été une sorte de père. Ce que je ne lui ai pas piqué, il me l'a appris.**

♦ Comment je suis devenu « artisse » ? Si j'avais rencontré Picasso, j'me s'rais sûrement mis à la peinture à ce moment-là… Mais j'ai rencontré Romain Bouteille.

♦ On demandait à Coluche quelques souvenirs de l'époque du Café de la Gare et s'il en voulait à Romain Bouteille de l'avoir exclu de la troupe : « S'il ne m'avait pas viré, je n'aurais pas fait de progrès. Donc, j'ai eu deux coups de pot dans ma vie : être découvert par Bouteille et, surtout, être viré par Bouteille. »

♦ À propos du même Bouteille : « Des comme lui, il n'y avait que lui, ça se comptait sur les doigts du pouce. »

BOUVARD (PHILIPPE) ♦ **Ce qui me surprend le plus chez Bouvard, c'est qu'il est bien élevé. Ça compense !**

♦ C'est un type qui arrive dans un bar avec Philippe Bouvard. Le barman lui demande :
« Dites donc, votre copain, pourquoi il est petit comme ça ?
– Ne m'en parlez pas ! Je vous explique : on est allés en vacances en Amazonie ensemble…
– Ah bon, où ça ?
– Merde, c'était comment, Philippe, déjà, le nom du village où tu as insulté le sorcier ? »

♦ Il y a une bonne femme qui m'a envoyé une paire de chaussons, du 162, je vais en envoyer un à Bouvard, ça lui fera un deux-pièces.

♦ Bouvard a dit qu'il me connaissait pas ? Mais c'est normal, mon vieux, il peut pas aller au théâtre : il voit rien.

♦ RTL : c'est la radio où le nain Bouvard parle l'après-midi. On l'appelle le bémol, c'est la note juste au-dessus du sol ! J'en parle d'autant plus volontiers que c'est mon ennemi préféré.

♦ Une triste nouvelle : Philippe Bouvard aurait été victime d'une chute d'échelle alors qu'il cueillait des fraises ! Pauvre homme ! Quand on pense qu'il est déjà obligé de se mettre sur la pointe des pieds pour cracher !

♦ C'est une grosse production américaine qui veut faire un film sur la vie de Bouvard, tu vois qui c'est, Bouvard ? Non, mais, baisse les yeux si tu veux voir... Bref, ils veulent faire la vie d'Bouvard, avec Claudia Cardinale comme partenaire qui est une fille grande, belle et puis tu arroses au pied, ça pousse tout seul, c'est bien. Alors ils veulent faire la vie d'Bouvard et l'un des producteurs demande :
« Qui on va prendre pour faire le rôle, Robert Mitchum ? »
Son associé lui répond :
« Oh non, c'est pas crédible. »
Le premier, au bout d'un moment, dit : « Mais on n'a qu'à prendre Bouvard !
– Non, réfléchis, imbécile, il est trop petit ! »
♦ Vous savez comment navigue Philippe Bouvard en avion ? En lisant les plaques des rues.

BRANT (MIKE) Il est encore mort, Mike Brant ? Mais alors c'est tous les jours !

BRÉSIL ♦ Le Brésil, c'est tel mambo, qu'on pleure quand on samba.
♦ Au Brésil, depuis que les travestis fleurissent, les femmes paient les hommes pour faire l'amour. Elles leur donnent 100 francs à chaque fois. Je connais un type qui a voulu y aller, il en a parlé à sa femme, elle lui a dit : « Eh bah, vas-y donc, je suis curieuse de voir comment tu vas vivre avec 200 francs par mois ! »

BRETAGNE ♦ C'est joli la Bretagne, et c'est pas loin de la France en plus.
♦ Le pilote de l'*Amoco Cadiz* a eu une amende de 36 francs. Moi, pour avoir insulté un flic, j'ai eu 300 000 francs d'amende. La prochaine fois que je ne serai pas content, j'ai compris, je vais couler un pétrolier en Bretagne !

BRIALY (JEAN-CLAUDE) J'aime bien Jean-Claude Brialy. C'est un homme qui aime agrandir le cercle de ses amis.

#NE PAS CONFONDRE

BREL (JACQUES) et **BOREL (JACQUES)** Jacques Brel, c'était Le plat pays qui est le mien, Jacques Borel, lui, ça serait plutôt : le plat pourri qui est le mien.

C

CARDINALE (CLAUDIA) Claudia Cardinale au festival d'épouvante d'Avoriaz. C'est terrible, l'âge.

CARLOS Carlos a voulu prendre une jeune femme sur ses genoux hier soir. Malheureusement, il y avait déjà son ventre !

CHARLEBOIS (ROBERT) Robert Charlebois avait une maison à côté de la mienne sur les îles. On était voisins de palmier. J'aime bien dire du mal de lui et puis, de toute façon, les accents ont toujours tort. En tout cas, ils ont fait sauter ma maison là-bas, et pas la sienne. Décidément, Charlebois et c'est moi qui trinque !

CHARLIE HEBDO ***Charlie Hebdo*** **et moi, on donne l'impression d'avoir inventé le dérisoire, alors qu'on est nés dedans !**

CHILI ♦ C'est un mec qu'on interviewe au Chili :

« Alors, heureux de vivre ?

– Non, mais surpris ! »

♦ C'est un Chilien qui est arrivé à s'échapper et à entrer en Amérique. Les journalistes lui demandent :

« Est-ce que vous aviez assez à manger au Chili ?

– Oh, on peut pas se plaindre.

– Est-ce que, par exemple, vous aviez assez de libertés ?

– On peut pas se plaindre.

– Mais alors, qu'est-ce que vous êtes venu foutre ici alors ?

– Je suis venu me plaindre ! »

TESTEZ *votre* VOCABULAIRE

CHARLES (RAY) Vous savez quel est le livre préféré de Ray Charles ?

Un bon bout de gruyère parce que c'est écrit gros.

♦ C'est deux mecs qui sont dans une prison en France :
« Combien t'as pris ?
– Dix ans.
– Et qu'est-ce que t'as fait ?
– Rien.
– Alors là, ça m'étonne, parce que rien, c'est cinq ans en France ! »
La même au Chili :
« Combien t'as pris ?
– Dix ans.
– Et qu'est-ce que t'as fait ?
– Rien.
– Alors là, ça m'étonne, parce qu'ici rien, c'est vingt ans ! »

♦ En plein milieu de la nuit, c'est un type, au Chili, qui arrache toutes les affiches politiques placardées sur les murs. Des policiers surgissent et embarquent le type. Il a droit à un interrogatoire musclé, un interrogatoire, quoi ! D'abord, on bâillonne le type pour qu'il ne s'entende pas souffrir. Puis, on lui enlève son bâillon. Le mec est en sang, recroquevillé sur le sol. Le flic lui dit :
« Alors, on est opposant, hein ? On arrache les affiches ?
– Non, dit le mec, je suis pas opposant. Je cherchais simplement la porte de chez moi... »

♦ C'est un type au Chili qui appelle un copain. Il lui dit :
« Tu as vu ce qu'il y a dans le *Journal officiel* ?
– Non, quoi ?
– Laisse, je peux pas te le dire au téléphone. »

CHINE **La Chine, c'est gai. Plus on est de fous, moins y a de riz.**

CHINOIS Les petits Chinois auront des cours d'éducation sexuelle : cette décision a été prise au Parti, premières concernées.

CHIRAC (JACQUES)

♦ Jacques Chirac : un homme étonnant. Il a serré la main à toute la France et pourtant, lui, il n'en a qu'une.

♦ Je vais vous dire une phrase de Jacques Chirac qui montre à quel point, quand on fait un discours à des gens, on se fout de leur gueule. S'adressant à des sous-mariniers, il a dit : « Quand vous êtes en plongée et que les oreilles vous sifflent, c'est que le gouvernement pense à vous ! » Il me semble, M. Chirac, que les prendre pour des militaires, c'était amplement suffisant !

COLUCHE C'est marrant à constater parce que finalement, Coluche, il est plus connu que moi !

♦ Jacques Chirac, il est quand même plus malin que Michel Debré en a l'air !

♦ Chirac est prêt à tout pour y arriver. Beaucoup d'hommes politiques vendraient leur mère. Chirac, lui, en plus, il la livre !

♦ Sous prétexte d'emmerder la gauche, Chirac emmerde les Français : faut pas confondre !

♦ Jacques Chirac a une très haute opinion de lui-même. Il a dit : « Ceux qui m'écoutent maintenant entendent un autre son de cloche. »

♦ Chirac, tête de liste ravigote, récupère à des fins politiques la gastronomie française : veau et usage de veau

♦ Jacques Chirac : « Contre le chômage, il faut travailler davantage. » Oui, et contre la pauvreté, il faut être plus riche.

♦ Chirac, c'est pas le genre à marcher sur ses amis. Le problème, c'est que, en politique, on n'a pas d'amis.

COCCIANTE (RICHARD) Richard Cocciante, comme son nom l'indique.

COLLARO (STÉPHANE) J'ai toujours eu l'impression que Collaro, en tant que petit gros frisé, il s'était dit : « C'est con, j'ai pas pensé aux lunettes ! »

COLUCCI C'est complètement italien. Mon père a quitté Naples pour échapper à la guerre. Une famille de lâches.

COOK (JAMES) Le capitaine Cook a fait trois voyages très importants : le premier en Alaska, le deuxième en Chine et le troisième aux États-Unis. Au cours de quel voyage est-il mort ?

VOUS POUVEZ CONFONDRE

Quelle est la différence entre CHIRAC et GISCARD ?

Y en a pas, mais Giscard sait qu'il y en a pas, alors que Chirac sait qu'il y en a une.

CORSE ♦ C'est un Corse, en bout de Corse comme tous les Corses, qui dit : « Ah, c'est affreux, on a un climat épouvantable ici, rien ne pousse. » Le Parisien sort des graines de sa poche, les jette par terre, et dit : « On va bien voir...
– Ben ça, si vous s'mez, évidemment... »

♦ Pompier en Corse, c'est un bon job, là-bas, y a pas le feu !

♦ Vous savez la différence qu'il y a entre Hitler et Napoléon ? Vous savez pas ? Ben, les mecs, je vous conseille pas d'aller en vacances en Corse !

COUPE DU MONDE

♦ **Évidemment, on pourra toujours dire que l'Argentine a gagné la Coupe du monde. On peut le dire. Mais enfin, il y a huit ans, quand c'étaient les Anglais qui organisaient la Coupe du monde, qui est-ce qui a gagné ? Les Anglais ! Il y a quatre ans, c'était l'Allemagne qui organisait la Coupe du monde, qui c'est qui a gagné la Coupe du monde ? C'est les Allemands. Cette année, c'est l'Argentine qui organisait la Coupe du monde, qui c'est qui a gagné la Coupe du monde ? C'est l'Argentine. Bon. Qu'est-ce qu'il faut que le Bangladesh fasse pour gagner la Coupe du monde ?**

♦ Les Français, ils ont bien perdu la Coupe du monde ! Autant les Argentins ont mal gagné, autant les Français, ils ont bien perdu ! Ils auraient perdu comme ça contre l'Italie, ils gagnaient !

CRÉDIT LYONNAIS Si vous avez vraiment envie de vous payer quelque chose que vous pouvez pas vous offrir, le Crédit Lyonnais vous expliquera comment vous en passer.

D

DANOIS Vous avez déjà entendu parler un Danois ? On dirait un Allemand qui parle sous l'eau.

DAVE **Ah ! Il va se marier, Dave, hein, ça y est, il va se marier ! Mais il peut pas tout de suite, parce que sa femme n'est pas finie d'opérer, c'est pas sec.**

DEBRÉ (MICHEL) Michel Debré, candidat du troisième âge (encore plus vieux que le PC), a déclaré qu'il se présentait à la place de De Gaulle qui a été empêché. Ah bon ! Et pourquoi Tino Rossi… ne se présenterait-il pas pour Napoléon, pendant qu'on y est ?

DEFFERRE (GASTON) Gaston Defferre est malade. Il paraît que son médecin lui a prescrit un Ricard le matin, un Ricard le midi, un Ricard le soir. D'après nos sources, il suit très bien son traitement. Il aurait même pris six mois d'avance !

DELON (ALAIN)
♦ **Alain Delon déclare que les femmes sont folles de lui. À mon avis, les femmes sont folles tout court et Alain Delon n'a rien à voir là-dedans.**

♦ « Romy Schneider sauvée par Alain Delon. » Ah bon, elle avait soif ? Alain Delon, viens nous servir à boire !

♦ Alain Delon a déclaré : « Si j'entrais en politique aujourd'hui, je ferais un malheur. » Un malheur, ça serait pas mal parce que les hommes politiques, eux, ils en font des tas, de malheurs.

♦ Alain Delon a déclaré : « Si Le Pen avait ma gueule, il serait élu. » C'est bien la preuve que si Alain Delon savait parler, il pourrait faire de la politique.

DENEUVE (CATHERINE) J'échangerais bien deux vieilles contre Deneuve !

DÉSIR (HARLEM) Il faudrait quand même pas prendre Harlem Désir pour une réalité !

DEVOS (RAYMOND) J'aime aussi les comiques qui ne s'ignorent pas. Au music-hall, j'aime surtout Raymond Devos.

DIEU ♦ Le problème avec Dieu, c'est de savoir comment ça marche. Si tu pries pour avoir une bagnole, tu l'auras pas. Mais si tu la piques et qu'ensuite tu pries pour qu'il te pardonne, là, ça peut marcher.

♦ Dieu, dans l'esprit du public, a tout créé. Donc, on lui reproche tout, les guerres, les cataclysmes, le cancer, l'homosexualité, la misère, etc. Mais il se trouve que ceux qui croient le plus sont les pauvres. Plus les peuples sont pauvres, plus ils croient. C'est amusant... C'est la misère...

♦ Tous les mecs qui croient en Dieu croient que c'est le seul. C'est même de là que vient l'erreur.

♦ La seule excuse de Dieu, c'est qu'il existe pas. Parce que dans le monde qu'on voit autour de nous, si on croit à l'existence de Dieu, on est obligé de croire à l'existence du diable ! Et on est bien obligé de se rendre compte que le diable l'emporte. Vous vous rendez compte que le pape est obligé de se déplacer dans une bagnole blindée : l'ange de la paix dans une cage de verre blindée ! La voiture, allemande, immatriculée Conception, avec un pape au-dessus et seize soupapes en dessous ! C'est extraordinaire, ça : l'épiscopat télescopique ! Avec le siège qui se soulève dans la bagnole. Comme ça, il est sous verre : des fois qu'y ait des microbes !

♦ Toute notre civilisation repose sur des erreurs, c'est ça qui est formidable. Regarde Dieu, il voulait que ce soit un paradis sur terre, tu te rends compte, l'erreur !

TESTEZ VOTRE VOCABULAIRE

Tu sais ce qu'on dit dans le DOUBS ?

Absinthe-toi !

DRUCKER (MICHEL) « Coluche, bravo pour votre émission, c'est plus drôle que Drucker !

– Oh ! vous savez, on a un accord : Drucker, il essaie pas d'être drôle, et nous, on n'essaie pas d'être chiants ! »

E

ÉCOSSAIS ♦ C'est un Écossais qui dit à ses enfants : « Voilà, pendant le repas, au lieu d'avoir un bifteck, je vais vous donner un penny, c'est une monnaie anglaise, je vais vous donner un petit penny à chacun au lieu d'la viande et, comme ça, ceux qui ne veulent pas d'viande, ils ont un penny et ils pourront s'acheter ce qu'ils voudront avec. »
Alors, évidemment, les gosses prennent le penny et ne mangent pas de viande. Arrivé au dessert, le père demande : « Et maintenant, qui c'est qui veut pour un penny de pudding ? »
♦ C'est deux Écossais, n'est-ce pas, qui ont parié l'un et l'autre ensemble que l'autre tiendrait plus longtemps la tête sous l'eau que l'un. On recherche encore les deux cadavres.
♦ C'est l'histoire d'un mec qui visite l'Écosse. Il passe devant un cimetière et il entre, comme ça, pour voir. Sur une tombe, il remarque une inscription : « Ici repose en paix Michael Mac Heckett, bon père, homme généreux, citoyen exemplaire. » Alors il dit : « Il n'y a que les Écossais pour ça : se faire enterrer à trois dans une seule tombe. »

EMPAIN (BARON) *France-Soir* titre : « Le baron Empain reprend son empire en main ». Empain, le mec à qui on a coupé un doigt, moi, personnellement, j'aurais pas osé la faire, celle-là !

ÉTAT **Il faudrait retirer à l'État les choses qu'il ne sait pas faire ou qu'il fait mal. S'occuper des pauvres, par exemple.**

ÉTHIOPIE ♦ Le disque pour l'Éthiopie, ça s'est tellement bien vendu qu'on se demande s'il y a pas d'autres pays d'Afrique qui vont devenir aussi pauvres juste pour en avoir un, de disque.
♦ On a fait un disque pour l'Éthiopie avec les meilleurs chanteurs français. Pour les autres, ça serait sympa que l'Éthiopie fasse un disque pour eux !

ÉTHIOPIEN ♦ Savez-vous où on trouve le plus d'Éthiopiens ? En Éthiopie du Sud, du Nord, de l'Est ou de l'Ouest ? Eh bien, ça dépend du vent.
♦ Comment on reconnaît le plus riche des Éthiopiens ? C'est celui qui a la Rolex autour de la taille.
♦ Qu'est-ce qu'il fait, l'Éthiopien, quand il trouve un petit pois ? Il ouvre un supermarché.

F

FAVIER (SOPHIE) Sophie Favier porte une perruque. Pas sur la tête, sur la langue.

FERRAT (JEAN) Jean Ferrat, Ardéchois et communiste, est doublement isolé. Et en plus, il aime la solitude !

FERRÉ (LÉO) J'ai vu en 1964 à la Mutualité Léo Ferré au gala des anars. Il finissait la soirée par une chanson, puis s'il y avait un quart d'heure de rappel, il revenait chanter *Ni Dieu ni maître*. Les mecs, ils sont sortis de la salle, il y aurait eu un flic qui aurait demandé l'heure, il était mort !

FILLIOUD (GEORGES) Georges Fillioud, ministre de la Communication, se félicite lui-même de la création des chaînes privées. Il fait bien de se féliciter tout seul. Si j'avais été son patron, moi, je me serais contenté de le remercier.

FRANÇAIS ♦ Les Français ne boivent pas l'eau du robinet, ça, c'est con. Elle est peut-être pas assez chère. Les autres sont aussi mauvaises, mais, au moins, on les paie. Vous dites qu'ils sont inquiets ? C'est normal. Ils se bouffent les ongles. Surtout les hommes politiques. Il paraît qu'en politique 50 % des hommes se rongent les ongles, et 50 % viennent juste d'arrêter. Ils se lèvent la nuit pour voir si la porte est fermée. Plusieurs fois, ça frise la bêtise… Une fois, d'accord, mais pas plus!

♦ Les Français sont un peu sales. Moi non plus, je ne suis pas très toilette. J'aime bien être propre, mais il y a des moments où j'aime bien être crado, surtout quand il fait froid dehors. Il m'est arrivé d'entrer dans une grenouillère et de ne pas la quitter de la semaine.

♦ Les Français se trouvent beaux. Ça, c'est bien. Les rock'n'rollers ont toujours un peigne sur eux. Quand ils vont à la plage, ils le glissent dans le slip de bain. En sortant de l'eau, il faut se recoiffer, sinon, tu n'emballes pas et tu ne peux pas te promener nu chez toi avec la fille que tu viens d'emballer. Moi, comme 16 % des Français du sondage, je me promène nu chez moi. Mais il faudrait ouvrir les fenêtres pour que les gens se fassent des signes. On est tous voyeurs. On se retourne tous dans la rue sur les culs qui passent.

♦ J'essaie de pas toujours m'asseoir à la même place à table, les 78 % de Français qui le font devraient faire attention. On prend vite des habitudes.

♦ Ils sont pas mauvais, les Français, dès que les autres sont pires.

♦ Les Français sont des consommateurs d'emmerdements.

♦ Moi qui n'ai que les moyens d'être français, je me retrouve être un Français moyen!

♦ Tout ce qui est drôle me fait rire, surtout quand c'est des Français dont on rit, parce qu'il n'y a que de ça que je ris, moi, des Français.

FRANCE La France, c'est formidable, parce que c'est le seul pays où ils nous entubent et où on peut le dire!

FRANCE-DIMANCHE Eh oui, ils le croient, les gens, ce qu'il y a dans *France-Dimanche*, tu as raison. Et tu sais pourquoi? Non? Parce qu'ils sont aussi cons qu'eux!

FRONT NATIONAL Il paraît qu'on peut attraper le sida rien qu'en s'inscrivant au Front national! Non, je déconne, mais faut pas le dire. On peut même si on veut lancer la rumeur!…

G

GAGARINE (YOURI) L'homme qui a eu le moins de chance dans sa vie : Youri Gagarine. Il est parti d'URSS, il a fait dix-sept fois le tour de la Terre, il est retombé en URSS.

GAINSBOURG (SERGE) ♦ **Serge Gainsbourg, c'est toujours métro-goulot-dodo !**

♦ Serge Gainsbourg, il fait des mélodies pour plaire à ceux qui aiment ses mélodies, et il se rase pas, il est bourré, pour faire parler tous ceux qui le détestent.

♦ C'est Gainsbourg qui rentre à la maison avec deux pneus neufs et Jane Birkin lui dit :

« Mais tu es fou ! Tu sais bien qu'on n'a pas de voiture !

– Et toi, tu portes bien des soutiens-gorge ! »

GARAUD (MARIE-FRANCE) Marie-France Garaud, j'ai l'impression qu'elle a un nom prédestiné à nous étrangler !

GILBERT (DANIÈLE) ♦ Danièle Gilbert ? On dirait une brouette qu'a perdu une roue.

♦ On apprend que Danièle Gilbert a un rhume de cerveau… Normal, les microbes s'attaquent toujours à la partie la plus faible de l'organisme !

GIRAUD (ROLAND) ♦ À l'époque du Café de la Gare, l'acteur Roland Giraud contacte Coluche, qui était chargé de la programmation, et sollicite un rôle. La réponse est positive et l'engagé retourne chez lui. Mais, dans la soirée, son téléphone sonne. C'est Coluche :

« Giraud ? T'es susceptible ?

– Non.

– Tant mieux ! Bon, j'ai pris un autre mec. Salut. »

En pleine nuit, le téléphone sonne de nouveau.

« Giraud, t'es toujours pas susceptible ?

– Non.

– Bon, parce que l'autre mec peut pas le faire. Le rôle est pour toi. »

♦ Coluche à Roland Giraud : « Ah ouais, t'es croyant ! Alors de quoi on va parler ? C'est con, t'étais sympa ! »

GISCARD D'ESTAING (VALÉRY)

♦ **Giscard ? Il est plus connu des éléphants d'Afrique que des paysans français.**

♦ Bonne nouvelle : Giscard ne sera pas candidat. Sa femme a en effet déclaré que son mari ne se représenterait pas, sauf si c'est dans l'intérêt de la France. Aucun risque, donc.

♦ Giscard a déclaré que la comète de Halley qui avait jadis guidé les Rois mages revient pour annoncer la fin du socialisme. Eh bien, si les Rois mages ressemblent à son plumage à lui, ils doivent plutôt se les geler !

♦ J'ai rencontré Valéry Giscard d'Estaing à Courchevel. Pas par hasard, j'étais flatté de le rencontrer. Il m'a dit : « Pourquoi m'en vouliez-vous tant ? » J'ai essayé de lui expliquer que, bien au contraire, il était président de la République, donc le roi, et moi, le bouffon. Il jouait le rôle de roi, moi, je jouais le rôle de bouffon. Normal, non ? Personne n'a reproché à Chaplin de se moquer de Hitler. Attention, ce n'est pas une comparaison. Mais il avait la paranoïa des grands acteurs pour toute critique qui atteint la personne, alors qu'elle est la conséquence normale de la réussite.

♦ Si Giscard est réélu, je demande l'asile politique à la Belgique.

GODARD (JEAN-LUC) Je suis allé voir le dernier Godard au cinéma, eh bien, croyez-moi, la fin est heureuse : on finit en effet par sortir de la salle.

GOYA (CHANTAL) ♦ Je n'ai rien contre Chantal Goya, je trouve simplement que c'est le genre de nana que tu peux emmener au cinéma si tu as envie de voir le film !

♦ Moi, Chantal Goya, je l'ai connue avant qu'elle soit vierge.

GRAND CANYON Vous savez comment a été creusé le Grand Canyon ? Un car d'Écossais est passé par là un jour, y en a un qu'a laissé tomber une pièce sans le faire exprès et ils ont tous creusé avec les doigts.

GRÈCE La Grèce est entrée dans le Marché commun : attention, ça glisse...

H

GREENPEACE

♦ Greenpeace, ils feraient mieux de s'occuper des moustiques avant de s'intéresser aux baleines!

♦ Affaire Greenpeace… Tu te rends compte du nom du couple infernal: les époux Turenge! Avec tout ce qu'ils ont laissé derrière eux: le bateau pneumatique, les bouteilles de plongée, tout ça, heureusement qu'ils ont pas envoyé les époux Tu Déranges! Qu'est-ce que ç'aurait été!

♦ Greenpeace est une organisation antisémite: elle s'attaque aux fourreurs.

GRÉGORY (LE PETIT) Christine Villemin et son gamin en couverture d'un journal qui sent le poisson. Il paraît que le reportage a été vendu 30 briques. Il a intérêt à se cramponner, le gosse, parce qu'avec 30 briques autour du cou…

HALLYDAY (JOHNNY) Johnny et sa femme forment un couple extraordinaire: il est extra, elle est ordinaire!

HINAULT (BERNARD) Les Mémoires de Bernard Hinault, encore un de ces livres que je lirai si un jour je vais en prison.

HOSSEIN (ROBERT) Il a une très belle voix, Robert Hossein. Quand il ouvre la bouche, on peut presque lire à l'intérieur la marque de ses pompes!

HUMANITÉ (L') *L'Humanité* ne fait plus que six pages: on peut plus s'en servir pour faire pisser le chien, ça passe à travers et ça abîme la moquette!

I

INDIENS (D'AMÉRIQUE) Y a une minorité opprimée dont on parle jamais, c'est les Indiens. Ceux qui vivent dans l'attente… de jours meilleurs. Et pourtant, Indien vaut mieux que deux tu l'auras. Enfin bref, ils réclament de l'argent, ils veulent des Sioux. Ils n'ont plus rien à manger, paraît-il, ils sont obligés de prendre dans les réserves. Et ils y laissent des plumes ! La vérité, c'est qu'ils vivent en tipi du bon sens et que, de toute façon, on n'en a rien à foutre alors, allez, foutez-moi ça dehors !

IRAN ♦ Le caviar en Iran, il y en a tellement qu'ils croient que c'est du tapioca avec des lunettes noires. Mais quand même, à ce prix-là, ils lui disent vous.
♦ Alcoolisme : celui qui se fait prendre en Iran, y raque !

ISRAËL Je ne sais pas qui c'est qui a eu l'idée de mettre Israël là où il est y a trente ans, mais il ne s'est pas gouré, le mec, parce qu'on y a amorti du matériel dans ce bled !

ITALIE ♦ Quand je suis en Italie, je me sens bien. La grande différence avec les Français, c'est que les Italiens sont de bonne humeur. Moi, je ne suis pas connu en Italie, je ne parle pas bien italien, mais si j'entre dans un magasin et que je déconne, ils rigolent. En France, le mec, s'il n'a pas de revolver, il appelle le boucher.
♦ Je suis allé en Italie ce week-end. En avion. Les salauds, ils ont réussi à me piquer ma montre quand on a survolé Naples !

ITALIEN Moi, j'ai personnellement été élevé comme un Rital. Comme vous le savez, les Italiens s'étaient associés à Hitler pour faire la guerre (encore que, évidemment, l'Europe rêvait d'être envahie par l'Italie plutôt que par l'Allemagne), mais, en tout cas, après la guerre, ça la foutait très mal d'avoir été italien pendant, ce qui était le cas de mon père, et donc le racisme s'exerçait… J'ai jamais eu un physique d'Italien, donc je m'en suis sorti.

J

JAPONAIS ♦ Les Japonais fabriquent des vélos, Manufrance ferme. Les Japonais fabriquent des voitures, Renault va fermer. Si un jour les Japonais fabriquent du camembert et du vin rouge, il faudra fermer la France.

♦ Comme c'est mignon, les petits Japonais ! Moi, je voudrais bien en avoir mais ma femme n'est pas japonaise et moi non plus !

♦ Les Japonais, quand ils parlent, on dirait toujours avec leur accent qu'ils sont en train de pousser. Faut dire que le riz, ça constipe !

JEAN-PAUL II ♦ J'ai pas vu Jean-Paul II, d'accord, mais j'ai vu *Rocky III* !

♦ Bousculade au Brésil autour de Jean-Paul II : six morts. Six pauvres soulagés de leur misère. Merci, Dieu.

♦ Vous savez que le pape est le frère de la reine d'Angleterre ? Jean-Paul et Élisabeth, ils ont tous les deux le même nom de famille : II !

JÉRUSALEM Le problème de Jérusalem, c'est que c'est une ville sainte pour tous, les catholiques, les Arabes, les Israéliens, tout le monde. C'est quand même mal foutu ! Pour le prix que coûtent les ruines, on aurait quand même pu avoir plusieurs villes, ça n'aurait fait chier personne !

JEUX OLYMPIQUES On connaît les 172 pays qui ne vont pas aux Jeux olympiques. Il y en a trois qui y vont : la France, la Belgique, le Liechtenstein. Bonnes chances de médailles de bronze pour la France.

JOSPIN (LIONEL) **Le problème avec Jospin, c'est que, comme c'est pas un voyou, il s'intéresse pas aux médias. Il fait partie de ces mecs de gauche qui sont souvent d'anciens pions roux avec une barbiche. Des mecs qu'ont été scouts. C'est typiquement le genre de types contre qui les journalistes aiment bien s'énerver. Catherine Nay, par exemple, hier soir, à « L'Heure de vérité ». Elle lui posait pas de questions, elle l'engueulait carrément !**

L

LA BRUYÈRE (JEAN DE) Absent le 20 juin 1985 à la première audience d'un de ses nombreux procès pour outrage à agent, Coluche apprend plus tard que le substitut l'y a traité de « La Bruyère des vespasiennes ». Réaction de l'outragé : « Je ne connais pas La Bruyère, et les vespasiennes, quand je suis né, ça n'existait plus. Ça doit être une personne très âgée qu'a dit ça. »

LAFORÊT (MARIE) Eh, dis donc, Marie Laforêt, on se la forêt bien. On n'est pas de bois !

LAHAYE (JEAN-LUC) On m'a offert un poster de Jean-Luc Lahaye. Plus un poster gênant qu'un poster géant. Enfin, quand on voit sa tête, une chose est sûre, c'est un poster rieur !

LALANNE (FRANCIS) C'est Francis Lalanne qui donne un concert dans un petit village. L'après-midi, l'épicier voit arriver un mec qui lui dit : « Je viens acheter tout votre stock de tomates pourries, tout ce que vous avez !
– Ah ! je comprends, c'est pour aller au gala de Francis Lalanne !
– Non. Je suis Francis Lalanne ! »

LAUSANNE ♦ Vous savez qu'à Lausanne, Lausanne, près du trou de Bâle, pour éviter de les faire crier, ils mettent deux hommes de quai dans les gares. Un au début du quai qui dit: « Ici Lausanne ! » et un autre à la fin qui dit: « Ici aussi ! »

♦ Alors, la scène se passe en Suisse, c'est dans un train et y a un monsieur qui est assis en face d'une dame, voyez-vous, alors il lui dit:
« Dites-moi, madame, Lausanne, c'est bien par ici ?
– Ah non, là, vous lui tournez l'dos.
– Oh ben, comme j'vais à Lausanne, ça n'vous ennuie pas qu'on change de place ? »

LECANUET (JEAN) ♦ Jean Lecanuet, c'est la maxi-tête, il a les dents à Sacha Distel et tout est rafistolé.

♦ Lecanuet, il s'y connaît en emploi autant que Thierry Roland en danse classique !

♦ Petite leçon de politique appliquée: hier, Lecanuet a dit: « Je ne suis ni pour Barre ni pour Giscard ! » On traduit: ni Giscard ni Barre ne veulent de Lecanuet ! Ah, l'enfoiré, faut savoir le parler !

LECONTE (HENRI) Henri Leconte tout content de faire le break ! Il aurait eu la galerie et la remorque, il partait tout de suite en vacances !

LEDERMAN (PAUL) ♦ Cher public, vos applaudissements me vont droit au cœur et droit au portefeuille de Paul Lederman !

♦ Je devrais laisser parler un peu Paul Lederman, qu'il ait l'impression de gagner son fric honnêtement.

LÉGION D'HONNEUR Si on voulait me décerner la Légion d'honneur, j'irais en slip pour qu'ils ne sachent pas où la mettre.

LENS Je suis supporter de Lens: « Vas-y Lens ! Vas-y Lens ! » Putain, ils gardent toujours la balle !

LE PEN (JEAN-MARIE)

♦ **S'il faut ressembler à Le Pen pour être français, moi, j'arrête.**

♦ Jean-Marie ne sera jamais élu, DONC ceux qui votent pour lui votent forcément pour rien!

♦ Jean-Marie Le Pen a déclaré: «Il vaut mieux élire un RPR imbécile qu'un communiste intelligent.» C'est pour dire que, quand il s'agit d'intelligence, y en a qui s'y connaissent!

♦ À force d'être toujours contre tout et tout le monde, Le Pen en viendra un jour à être contre les gros cons, paradoxe qu'il risque de mal vivre.

♦ Le Pen dément avoir tenu certains propos… Le Pen dément? Vous voyez, on est pas les seuls à dire qu'il est fou.

♦ Réponse à un journaliste qui demandait si Le Pen était, selon lui, le nouveau «roi des beaufs»: «Non. Ça serait pas gentil pour les beaufs de dire ça.»

♦ Le Pen, je voudrais pas dire, mais je serais pas vraiment étonné d'apprendre que c'est lui qui a inventé la mauvaise haleine.

♦ Le Pen est contre les films porno de Canal +. Normal, Le Pen à jouir.

♦ Le Pen a confirmé qu'il était contre le porno de Canal. Remarque, c'est vrai que lui, il voit que la moitié de l'écran, il est obligé de regarder deux fois pour trouver ça excitant.

♦ M. Le Pen veut être blanchi pour tout ce qu'il a fait en Algérie: cet homme aigri qui n'aime pas les Noirs et qui veut être blanchi.

♦ Il paraît qu'en entendant une de mes conneries, Jean-Marie s'est fâché tout rouge. Ce qui est pourtant loin de ses idées!

♦ M. Le Pen a déclaré: «L'État doit rester à sa place, seulement à sa place et rien qu'à sa place, c'est-à-dire s'occuper de sécurité, seulement de sécurité et rien que de sécurité.» On pourrait peut-être lui trouver un képi à sa taille, non?

♦ Jean-Marie Le Pen a hérité de l'immense fortune des ciments Lambert. Il semblerait qu'à la signature Hubert Lambert n'était pas en possession de tous ses moyens. Ce qui est sûr, c'est que maintenant Jean-Marie Le Pen, lui, est en possession de tous les moyens du mort!

♦ «Est-ce que tu sais comment sauver Le Pen de la noyade?

– Non.
– Tant mieux. »

♦ Le Pen n'aime pas voir les Arabes sur notre sol. Il préférerait peut-être les voir dessous !

♦ Jean-Marie Le Pen a déclaré qu'il ne donnerait rien aux Restos du Cœur. Je n'aurai qu'un mot : ouf !

LÉVY (BERNARD-HENRI) Bernard-Henri Lévy a dit hier soir qu'on pouvait pas faire d'argent avec la philosophie. À mon avis, c'est seulement qu'il a pas la bonne.

LIBAN Au Liban, je ne comprenais pas ce qui se passait. J'ai été me renseigner, maintenant, c'est officiel : je n'ai rien compris !

LOS ANGELES À Los Angeles, il y a un mec qui est écrasé toutes les heures ! Le pauvre mec !

LUNE ♦ C'est une petite souris qui revient de la Lune et qui dit à ses copines : « Je reviens de la Lune, c'est comme un gros gruyère ! Y a plein de trous partout et y a pas un chat ! »

♦ Charles Trenet écrivait des chansons à une époque où la Lune était dans les chansons d'amour et non pas dans le budget de la Défense.

LUSTIGER (MGR) Bizarre, Mgr Lustiger... Toujours en robe et jamais de sac à main !

LUXEMBOURG Le Luxembourg projette de faire la guerre à Andorre. Leur arsenal est composé d'un avion pour l'armée de l'air et d'un char pour l'infanterie. L'aviation a des chances de réussite, mais l'infanterie aura du mal à la frontière de l'Andorre parce que, là-bas, ils ont un gros chien.

M

MADAGASCAR Coup d'État à Madagascar, eh oui, Tananarive pas qu'aux autres !

MAI 68 Mai 68, quand je pense au grand mouvement de jeunesse que ça a été, toutes les idées neuves, et quelle a été la seule chose que le gouvernement a trouvé à faire en réponse ? Il a fait goudronner les rues de Paris pour plus que les flics se prennent des pavés dans la gueule. Non, mais tu te rends compte, c'est tout ce qu'ils ont entendu, eux. Franchement, hein, les mecs qui tiennent le haut du pavé...

MAO (TSÉ-TOUNG) La femme de Mao est enceinte ! Ce qui nous fait un œuf à deux jaunes !

MARAIS (JEAN) ♦ Pour trouver l'âge de Jean Marais, qui veut jamais dire son âge, on se repère sur l'âge du cheval.

♦ Ah bon, Jean Marais, il est pas mort ? Je savais pas. Mais lui, il le sait ?

MARCHAIS (GEORGES) ♦ À l'occasion du soixantième anniversaire du PCF, Coluche se fend d'un télégramme à Georges Marchais : « Suis de tout cœur avec vous – Stop – Ai soufflé 60 bougies sur 60 kg de caviar – Stop. »

♦ Premier sondage honnête : 60 % sont contre Barre, 74 % contre Giscard, 77 % sont contre Mitterrand, 84 % contre Marchais, 88 % sont contre Chirac… 383 % des Français sont contre la politique.

♦ Georges Marchais est passionnant. Il est le seul à avoir été prisonnier huit ans alors que la guerre a duré cinq ans.

♦ Georges Marchais en Chine. Si c'était juste pour voir des Jaunes, c'était pas la peine d'aller si loin : il suffit de casser des œufs, il y en a un dans chaque !

♦ Marchais contre l'immigration. Sauf quand c'est les Russes qui émigrent en Afghanistan.

♦ Marchais et Poniatowski parlent de tout changer. Tout à fait d'accord, à condition de commencer par eux.

#NE PAS CONFONDRE

La grande différence entre Georges **MARCHAIS** et **JEAN-MARIE**, c'est que Georges Marchais, il est de l'almanach Vermot, alors que Jean-Marie, il est de l'almanach Wehrmacht.

MARILYN (MONROE) À l'école, j'ai pas appris grand-chose, j'ai fait une seule faute à la dictée du certificat d'études, le matin, alors j'y ai pas été l'après-midi, je suis allé au ciné voir Marilyn. Je ne pourrais pas vous dire quel film c'était, on regardait que son cul et ses seins.

MARS Une petite pour la route : c'est un Martien qui atterrit avec sa soucoupe en pleine campagne. Il sort et rencontre un paysan qui lui demande :
« Ben, d'où donc que vous venez ?
– De Mars, dit le Martien.
– Alors là, j'suis ben content de vous connaître. J'adore vos barres chocolatées ! »

MARSEILLE « Un Arabe torturé dans l'arrière-salle d'un bar marseillais. » Y a deux choses que j'aimerais pas être à Marseille : arabe et marseillais !

MARTEL (CHARLES) On nous a bourré le mou pendant des années comme quoi, en 732, Charles Martel avait arrêté les Arabes à moitié. Eh bien, maintenant, y en a jusqu'à Lille !

MARX (KARL) Marx, il étudie la croissance du grain de blé sous l'angle du travail du paysan. Bon ! Mais il oublie juste l'action du soleil !

VOUS POUVEZ CONFONDRE

Moi, je crois que Karl **MARX** et **FREUD**, par exemple, ces deux grands penseurs qui dirigent notre époque aujourd'hui, ben, ils ont foutu un bordel formidable.

MIAMI 18 morts à Miami. Bonne nouvelle pour les Blancs : les 18 morts sont tous noirs.

MICKEY Avec Eurodisney, Mickey est entré en France. Picsou, lui, est resté aux États-Unis pour la comptabilité.

MILAN « T'habites à Milan ? Eh bien, bon anniversaire ! »

MISS FRANCE Moi, je veux bien être candidat à tout ! Si demain y a Miss France, j'me présente !

MITCHELL (EDDY) ♦ Je vais vous dire, vous ne le répéterez pas, mais il y a Eddy Mitchell qui m'a dit un jour : « Tiens, passe-moi une cigarette. » C'est pour vous dire si je connais les artistes !
♦ J'aurais bien aimé être connu comme chanteur, surtout de rock'n'roll, mais j'ai réussi à me consoler parce qu'Eddy Mitchell,

lui, aurait voulu être connu comme comique, donc on s'est démerdés tous les deux : lui me raconte des histoires et moi, je chante des chansons pendant qu'il met des boules Quies.

MITTERRAND (FRANÇOIS)

Mitterrand a fait un cauchemar épouvantable : il a rêvé qu'il était tout seul à se présenter aux élections et qu'il était battu quand même !

MOLIÈRE ♦ « Coluche, de tout temps, les auteurs dramatiques et les comédiens ont fustigé les travers de leurs contemporains. L'un des plus illustres fut, vous le savez, Molière, qui a eu la plume et l'expression mordantes face à la cupidité, l'avarice, les faux-semblants, les faux dévots. Alors il me semble, Coluche, que vous êtes dans la tradition de Jean-Baptiste Poquelin... Ça vous fait plaisir ?
– Oui, mais en même temps, ça m'inquiète, parce que je me dis que si lui n'a pas réussi avec le talent qu'il avait, c'est pas moi qui vais y arriver. »
♦ Quel est le problème de la Comédie-Française ? C'est que Molière soit mort !

MONACO (ALBERT DE) J'aime beaucoup Albert de Monaco, mais ils devraient quand même arrêter de se marier entre eux, ça les esquinte !

MONTAGNÉ (GILBERT) Gilbert Montagné en concert à l'Olympia ce soir. Pourvu qu'il trouve !

MOUROUSI (YVES) ♦ Yves Mourousi va se marier ! Avec une femme en plus ! Pourvu que les deux robes de mariées soient prêtes à l'heure !
♦ Yves Mourousi va épouser Véronique d'Alençon à Nîmes. On a compté, ça fait environ 800 kilomètres d'Alençon à Nîmes, il aura le temps de réfléchir à ce qu'il va dire !
♦ Ça y est, Mourousi est marié ! Espérons qu'il ne perdra pas les pédales !

♦ Mourousi et sa femme s'entendent parfaitement sur le plan sexuel : ils réussissent à avoir chacun mal à la tête en même temps !

♦ J'ai entendu Mourousi parler hier ou avant-hier sur Canal + du fait qu'il allait pas voter. Je pense que Yves Mourousi, c'est un leader d'opinion. Je pense que si une petite douzaine de personnes comme ça disaient ça en France, on arriverait à des pourcentages d'abstention effarants. Car si on regarde bien, à part les politiciens, et puis la presse qui s'est donné ce titre de quatrième pouvoir avant de l'avoir parce qu'évidemment elle risquait de passer à travers, à part des gens comme ça, je vois pas très bien qui pourrait le prendre, le pouvoir…

♦ Yves Mourousi à la une de *Paris Match :* visiblement, y a pas d'avion qu'est tombé cette semaine ni de trains qui sont montés l'un sur l'autre !

N

NAPOLÉON ♦ On a eu deux Napoléon : Napoléon Ier, et le second en pire.

♦ C'est l'ambition qui perd les hommes. Si, au lieu de vouloir devenir empereur, Napoléon était resté simple officier d'artillerie, il y serait encore !

NICOLAS Il a été mannequin chez Nicolas, c'est lui qui essayait les bouteilles, on le reconnaît bien, il a encore une étiquette sur le front.

NICOLETTA Dans le journal : « Nicoletta enfin maman ! Elle s'est battue pendant deux ans pour avoir son enfant. » J'appelle pas ça se battre, moi, pour commencer et ensuite je trouve ça très drôle comme titre « Nicoletta enfin maman ! ». Tout ce qu'on peut dire, c'est que c'est pas faute d'avoir essayé !

NOAH (YANNICK)
♦ Yannick Noah rechigne toujours à monter au filet parce que ça lui rappelle sa capture.

♦ Yannick Noah, lui, il a de belles dents, il est tranquille, il peut manger une pomme à travers une raquette.

NOËL ♦ Attention: la réunion de tous les athées du monde sur la non-existence de Dieu sera remise en raison des fêtes de Noël!

♦ Oh, dis donc, mon imprésario, il s'est fendu, il m'a fait un cadeau pour mon anniversaire! Il m'a donné un chèque de 100 sacs et il m'a dit:
« Tiens, c'est pour Noël. »
Alors j'y ai dit:
« C'est pas Noël, c'est mon anniversaire! »
Il m'a répondu:
« Oui, mais à Noël, je te le signerai! »

♦ J'ai une très mauvaise nouvelle: paraît que le père Noël croit plus aux enfants.Quand j'étais gamin, moi, j'écrivais au père Noël: « Si t'as besoin de quelque chose, hésite pas à m'écrire! »

#VOUS POUVEZ CONFONDRE

Un NOIR et un BLANC, c'est la même chose, sauf qu'il y en a un qui court plus vite.

O

OCKRENT (CHRISTINE) Christine Ockrent a accouché: pourvu que ce soit un gosse!

ONU **12 millions d'enfants mourront cette année de malnutrition. Vous avez jusqu'au 31 décembre, date limite, pour inscrire les vôtres.**

P

PALESTINE Il faudrait rappeler à Israël que le crime ne paie pas !

PARIS-DAKAR **Je ferai le Paris-Dakar le jour où ils auront viré le sable tout le long pour mettre du goudron.**

PASQUA (CHARLES) ♦ Mais non, Pasqua n'est pas un monstre, il ressemble à un monstre, c'est tout.

♦ Pasqua, ministre de l'Intérieur : les cheveux frisés et le bronzage sont déconseillés.

♦ Charles Pasqua déclare : « Je connais les remèdes politiques pour redresser la France. » Après quarante ans de carrière, il est un peu con de pas les avoir donnés plus tôt, non ?

PINOCHET (AUGUSTO) Qu'est-ce qu'il est bien, Pinochet ! Ils ont interviewé sa femme, et tu sais ce qu'elle a dit, sa femme ? Elle a dit : « Il est un petit peu dominateur. » Dominateur commun, sans doute, car tout le monde y a droit !

PLAYBOY Après une pétition d'aveugles, Playboy vient de sortir aux États-Unis sa première édition en braille. Je me demande à quel endroit ils ont mis les trous.

PMU Le chiffre d'affaires du PMU baisse de moins trois pur-sang.

POLOGNE ♦ En Pologne, une dame entre dans un magasin et demande un litre de lait.

« Ah non, ici, c'est le magasin où il n'y a pas de viande. Celui où il n'y a pas de lait, c'est en face ! »

♦ De retour de Pologne, rien ne change, niveau fringues, c'est toujours l'abbé Pierre le fournisseur exclusif !

♦ Il faut faire gaffe parce que le père Noël, il passe aussi en Pologne mais là-bas, il pique les chaussures !

TESTEZ *votre* VOCABULAIRE

POLONAIS **Savez-vous ce que les Polonais porteront l'année prochaine ?**

Ce qu'ils portaient déjà l'année dernière !

R

POMPIDOU (GEORGES) Il était très gros, Pompidou, quand il est mort ! Il a éclaté ! D'ailleurs, on a reconstitué ses intestins avec des tuyaux place Beaubourg !

PORSCHE C'est un Belge qui dit à un autre :

« Tu vois ma nouvelle Porsche ? On peut facilement monter jusqu'à 200 !

– Ben dis donc, on doit être vachement tassés ! »

PREMIER MINISTRE **Premier ministre, c'est un peu comme maillot de bain. Ça soutient pas grand-chose, mais ça cache quand même l'essentiel.**

PRESLEY (ELVIS) Elvis Presley, c'est comme la margarine, t'en a mangé tout petit et tu peux plus t'en passer.

PTT Il y a des fois, moi, j'ai tellement pas bossé aux PTT que j'ai cru que je bossais à la Sécurité sociale, tellement on foutait rien !

REAGAN (RONALD) ♦ Ronald Reagan succède à Jimmy Carter. L'Amérique avait un mauvais président. Elle a choisi un mauvais comédien.

♦ La veuve Mao : ancienne comédienne. Le pape : ancien comédien. Reagan : ancien comédien… J'ai toutes mes chances.

♦ M. Reagan a dit qu'il allait donner de l'argent clandestinement à ceux qui luttent contre le communisme en Angola. Alors, il va donner l'argent – j'suis d'accord ! – mais clandestinement… Maintenant qu'il l'a dit, ça m'étonnerait ! Ou alors, c'est moi qui suis con.

RÉGINE ♦ **Je viens de croiser Régine qui revenait de l'institut de beauté. À mon avis, c'était fermé.**

♦ Régine, elle chante pour tuer le temps. Elle a une arme redoutable, hein, je ne voudrais pas être le temps, moi !

♦ « Ah ! Régine et ses pulls en poil

de chameau !
– Elle a des pulls en poil de chameau ?
– Bah, oui. Et il y a encore les bosses. »
♦ Est-ce que vous savez d'où vient le triple menton de Régine ? Elle s'est fait remonter les seins !
♦ Régine déclare que le secret de son bonheur, c'est qu'elle ne voit son mari que deux jours par semaine. Je crois que c'est surtout le secret du bonheur de son mari.
♦ Il y avait déjà des bas résille, maintenant il y a des bas Régine. C'est des collants chair, en plastique latex, que tu enfiles de force et ça tient bien la graisse… Ça fait moins mou !

RENAUD Il écrit bien, hein, Renaud ? Tout à la main. C'est beau, l'artisanat.

RENAUD (LINE)

♦ Line Renaud, quand elle était jeune, la mer Morte était pas encore malade.

♦ Quatre-vingts anciens combattants australiens vont venir en France pour faire un pèlerinage sur les champs de bataille. Il va donc falloir réserver des places au Casino de Paris pour aller voir Line Renaud qui, comme chacun sait, chantait déjà dans les tranchées.
♦ Line Renaud, elle a trouvé une combine pour les rides, pour se tendre la peau du visage, elle porte plus de soutien-gorge.
♦ On n'a plus le droit de dire du mal et personne ne dit plus du mal ! Moi, je me souviens, quand on était petit, on ouvrait la radio et les mecs canardaient à bout portant tout ce qui bougeait ! C'était déjà Line Renaud qui trinquait ! C'est pour vous dire si la chasse est ouverte depuis un moment !
♦ Line Renaud a trente ans de carrière. Dis donc, elle a commencé tard !

RESTOS DU COEUR

♦ Si vous êtes cuistot, venez nous rejoindre aux Restos du Cœur ! Enfin, bon cuistot, parce qu'il ne faut pas non plus que ça devienne les Restos du Haut-le-cœur !

♦ Un nouveau journal sera vendu par des chômeurs, il coûtera 6,50 francs. Alors un conseil, plutôt que de l'acheter, envoyez les 6,50 francs aux Restos du Cœur, parce que nous, les chômeurs, on les exploite pas, on les nourrit!

♦ Les Restos du Cœur, c'est pas de la charité, c'est de la redistribution. Merde alors, ça leur appartient, aux gens, la bouffe que je leur refile. Dans leurs impôts, ils paient pour les excédents alimentaires, non?

♦ Évidemment qu'on s'attendait à être critiqué pour les Restos du Cœur. On est toujours critiqué pour ce qu'on fait. Remarquez, on pourrait aussi être critiqué pour ce qu'on n'a pas fait, mais ça, en général, en France, on fait pas. On critique jamais les gens qui font rien, on ne critique que ceux qui font quelque chose.

♦ Un banquier suisse m'a envoyé pour les Restaurants du Cœur un chèque sans le signer en me disant qu'il voulait rester anonyme.

RISI (DINO) J'avais envie de refaire un film avec Dino Risi. J'ai fait *Le Fou de guerre* qui est en compétition à Cannes. Le rôle est formidable et j'espère que je vais avoir la palme parce que franchement je ne vois pas qui est plus fort que moi pour le prix d'interprétation. Y a que des mauvais. Au fait qu'est-ce qu'il y a d'autre en compétition?

ROCARD (MICHEL) Rocard, il a une vraie tête d'accouchement. Le problème, c'est qu'on ne voit jamais sortir l'enfant!

ROLLS J'ai tout acheté, j'ai tout bouffé. J'ai acheté 14 voitures la première année... Et même aujourd'hui, ce matin, j'en ai acheté 2. Mais je vais vendre la Rolls; la Rolls, c'est un réflexe de pauvre. Parce que, pour un riche, avoir une Rolls, ça n'a pas d'intérêt.

S

SARTRE (JEAN-PAUL) La télévision française s'est aperçue que Sartre était vivant… le jour de sa mort !

SÉCURITÉ SOCIALE

♦ C'est une femme qui va se plaindre à la Sécurité sociale.
« Voilà, monsieur, j'ai deux enfants : un enfant de 3 ans et un enfant de 2 ans et je ne touche plus la Sécurité sociale depuis que mon mari est mort il y a six ans.
– Comment ! Votre mari est mort depuis six ans et vous avez un enfant de 3 ans et un de 2 ans ?
– Hé, c'est lui qu'est mort, c'est pas moi ! »

♦ Le budget de la Sécu, il est de plus de 9 milliards. On prévoit qu'il sera de moins 5 milliards dans deux ans. Le mec qui a fait les comptes est tombé malade. Ça en fait un de plus déjà.

♦ À part faire la queue à la Sécurité sociale, y a rien qui me fait plus chier que d'aller au théâtre.

SHEILA J'ai envoyé un télégramme à Sheila pour lui dire : « Tiens bon, on les aura, les jeunes. » J'ai trouvé son spectacle formidable et le public a trouvé que c'était, vingt-deux ans après ses débuts, vingt-deux ans trop tard.

SIGNORET (SIMONE) Aux césars, ils vont remettre un prix à Simone Signoret. Au Salon des antiquaires, on lui aurait simplement mis un prix !

SPRINGSTEEN (BRUCE) Bruce Springsteen, on dirait un mec qui se défonce à rien, c'est les pires.

SUISSE ♦ **La Suisse, c'est formidable, tout y est moins cher, même l'argent français !**

♦ La Suisse est un des seuls pays du monde où on mange autant de viande qu'ailleurs.

♦ Pour les impôts, je comprends qu'Alain Delon vive en Suisse, mais pour la vie qu'on y vit, moi, je ne suis pas de son avis. Pour tout l'or du monde, je ne voudrais pas vivre en Suisse. Je veux bien y passer, j'aime bien les gens, mais je ne veux pas vivre dans un pays qui ferme à 21 heures et où on n'a

T

pas le droit de cueillir des cerises sur les cerisiers dans la rue.

♦ Sur une affiche, à Genève, on lit: « Recherche un Français pour viol. » Un Suisse, qui passe devant, se demande: « Pourquoi un Français? Un Suisse pourrait très bien le faire... »

♦ Vous savez que le jour le plus drôle en Suisse, c'est le dimanche. C'est ce jour-là que tous les Suisses rigolent des histoires drôles qu'on leur a racontées pendant la semaine!

♦ Pour rétablir nos finances, il faut déclarer la guerre à la Suisse, puis la perdre afin d'être envahis et de disposer enfin d'une monnaie forte.

TATI (JACQUES) À propos de Jacques Tati: j'ai appris qu'il allait refaire un film et je voudrais lui dire que je m'appelle Coluche, que je suis un jeune comédien et que si je pouvais ne serait-ce qu'ouvrir une porte dans son prochain film, je pourrais donner beaucoup d'argent de Lederman.

TAYLOR (ELIZABETH) ♦ Elle a grossi, hein, Elizabeth Taylor? Moi, je serais elle, déjà j'arrêterais de prendre mes aspirines dans de la mayonnaise.

♦ Vous savez comment Elizabeth Taylor a perdu 10 kilos en une seule soirée? Elle s'est démaquillée.

♦ À quoi reconnaît-on que Liz Taylor est passée dans un hôtel? Deux jours après, le miroir est encore chaud.

TERRE Si la Terre tourne autour du Soleil, on se demande ce qu'elle fout la nuit.

THATCHER (MARGARET) Dans *Le Monde* : « Grand palmarès de l'impopularité en Angleterre. » Margaret Thatcher fait deuxième, je vous le donne en mille, derrière Hitler. Comme Hitler est mort, elle est quand même première vivante.

TOUAREG Maintenant, passe-moi le Sahel, j'ai une histoire de désert. C'est un Suisse qu'est paumé dans le désert. Il rencontre un Touareg sur son chameau et lui demande :
« Excusez-moi, les toilettes, s'il vous plaît.
– On est quel jour ? dit le Touareg.
– Lundi, pourquoi ?
– Eh ben, alors, tu vas toujours tout droit, et samedi, tu tournes à gauche et tu trouves les toilettes. »

TOUSSAINT Aujourd'hui, c'est la Toussaint, c'est la fête de tout l'essaim et j'en profite pour dire bonjour aux abeilles !

TUNISIE **En Tunisie, une manifestation d'Arabes contre la pauvreté. C'est un pays où y a décidément trop de Beurs et pas assez de pain !**

TURQUIE Vous ne le saviez peut-être pas, mais en Turquie les hôtels n'ont pas de salle de bains. On a demandé pourquoi et ils ont répondu : « Vous savez, chez nous, les clients restent rarement plus de quinze jours. »

U

URSS ♦ **En URSS, ils n'ont plus un rouble, plus rien dans les poches. Même les pickpockets meurent de faim là-bas.**

♦ Il paraît que l'ennemi, c'est l'URSS. Quand je vois nos chars, je me dis : comment faut faire pour être russe ?

♦ En URSS, vous le savez, on a du mal à trouver ce qu'on veut dans les magasins, on peut difficilement dire ce qu'on veut, tout ça, même tard d'ailleurs, mieux vaut tsar que jamais, enfin… bon, une dame arrive dans une épicerie et dit :
« Je voudrais du thé.
– Du thé chinois ou du thé russe ?
– Ah, je dois choisir… bah, alors

donnez-moi du café.
– J'en ai plus.
– Ah, je préfère ! »

♦ Les Russes ont invité des responsables américains à visiter les centrales nucléaires soviétiques (ça doit certainement être les seuls trucs visitables en URSS), inaugurant ainsi l'ère de l'espionnage touristique : avant, l'espionnage consistait à cacher ce qu'on avait trouvé, maintenant il consiste à faire visiter ce qu'on a trouvé pour faire peur à son adversaire.

♦ URSS donc, je vous rappelle qu'il ne faut pas vendre sa peau avant de l'avoir tuée, URSS où une femme demande à sa voisine : « Dites, si je vous laisse cuire votre viande dans ma soupe, je peux faire frire mon omelette sur vos lardons ? »

♦ En URSS, tout le monde va pouvoir sortir du pays, maintenant… à condition d'avoir plus de 75 ans et une autorisation de ses parents.

V

VARTAN (SYLVIE) ♦ Sylvie Vartan déclare que ses chansons s'adressent avant tout au cœur des gens. Le seul problème, c'est que, pour arriver là, elles doivent d'abord passer par les oreilles.

♦ Il paraît que Sylvie Vartan a encore fait des progrès. Ça va faire vingt-huit ans maintenant qu'elle fait des progrès. Moi, j'y vais pas. J'attends qu'elle ait fini tous les progrès. J'verrai tout d'un coup, c'est mieux.

VATICAN **Problèmes financiers au Vatican. On annonce une « suppression du personnel inutile ». Ils vont virer tout le monde ?**

VENISE L'année dernière, on avait été à Venise, mais on avait pas eu d'chance ! On est arrivés et c'était tout inondé, hein !

VERGÈS (JACQUES) Vergès, il est bien comme avocat, lui, au moins, il place pas le barreau trop haut.

VIETNAM Le Vietnam, c'est évident que c'est un champ de tir. Les Américains leur ont fait la guerre, les Japonais leur ont fait la guerre, les Français leur ont fait la guerre, et maintenant ils sont emmerdés par les Cambodgiens. C'est évident que c'est devenu un champ de tir. Les mecs y vont pour essayer leurs armes.

VILLAGE PEOPLE Très jolie coquille dans *France-Soir*! Dans le petit encadré Discomania, colonne de droite, on lit que les Village People font un malheur en ce moment. Je cite: «Ce groupe avait une cible bien précise: le public homosexuel qui fréquente...», alors là, je pense que c'est les «boîtes» qu'ils ont voulu dire mais ils ont oublié le O... Très belle coquille donc – déjà le mot «coquille», faut pas oublier le Q... Bon, je continue donc, disons «les bOîtes les plus folles de New York». Et alors, la ligne d'après, on retrouve le O qui manque, nouvelle coquille, au lieu d'écrire: «Le but est atteint», ils ont écrit: «Le bOut est atteint»! Superbe, c'est un triomphe, deux coquilles en cinq lignes!

Z

ZARAÏ (RIKA) ♦ Je l'ai lu dans le livre de Rika Zaraï: «Tu te trempes le cul dans l'eau froide, tu décolles la vignette qu'il y a sur le disque et il est remboursé par la Sécu!» D'ailleurs, Rika Zaraï, elle a fait du mal à personne. Les seuls qu'elle a rendus malades, c'est les médecins. Et les prix Nobel... Parce qu'elle a quand même vendu plus de livres que le prix Nobel!

♦ En tout cas, le bouquin de Rika Zaraï, il est super. Moi, je fais des dîners chez elle, c'est que de l'herbe. Avant de passer à table, elle dit toujours: «Dépêchez-vous, le dîner va faner!»

NOMS PAS PROPRES

« J'ai simplement parlé le langage des gens, le même qu'eux, et sur les sujets qui les intéressaient. Et tous les "~~merde, con, chier~~" qu'on m'a reprochés, mais qui figurent aujourd'hui dans le Larousse, pourquoi et comment voulez-vous que je ne les utilise pas, puisque c'était notre langage dans notre enfance, puisque tout le monde parle comme ça… »

#NE PAS CONFONDRE

Une femme rentre chez elle et dit à son mari : « J'ai emmené ma mère chez l'opticien, elle est **PRESBYTE**.
– Oh ben, merde, déjà qu'elle était **CASSE-COUILLES** ! »

CHIER (FAIRE) Faire chier, c'est une fonction indispensable dans la société.

CHIOTTES On diffuse de la musique dans certains WC publics. Sûrement de la musique de chiottes.

COMMISSION (GROSSE) ♦ C'est un type qui rencontre un de ses copains, il lui dit :
« Alors, comment ça va en ce moment, les affaires ?
– Oh, tu sais, en ce moment, les affaires... Je bouffe de l'argent. »
Et l'autre dit :
« Ça t'ennuie pas de venir aux toilettes à la maison ? »
♦ C'est pas de sa faute non plus à Pecci s'il a perdu contre Bjorg. Tu as vu l'ambiance qu'il y avait là-bas, à Roland-Glabros ? Les gens, ils criaient : « Pète chie, pète chie, pète chie ! », mon vieux, le pauvre, il savait plus quoi faire !

COMMISSION (PETITE) Un jour, le directeur de l'usine regarde par sa fenêtre et voit marqué : « Merde au patron ! » C'est un mec qu'a écrit ça en pissant dans la neige. « Merde au patron ! » Alors, il appelle son chef de la milice locale, personnelle, et il dit : « Dites donc, vous allez me faire analyser la pisse et vous allez me trouver qui c'est qu'a pissé. » Et alors le mec fait une enquête, et il revient le voir et lui dit :
« Voilà, j'suis emmerdé parce qu'on a trouvé, on a analysé la pisse, c'est votre chef d'atelier qu'a écrit ça...
– Ah bon, et alors ?
– L'emmerdant, c'est que c'est l'écriture de votre femme ! »

CON ♦ **J'ai connu un flic, il était tellement con que quand par hasard il disait quelque chose d'intelligent, il se retournait pour voir si c'était pas quelqu'un d'autre qui l'avait dit.**
♦ C'est des gens qui sont à table, le père, la mère et le fils, et y a la mère qui dit au père :
« Ah, vraiment, t'es un imbécile, regarde-toi, t'en as encore foutu

plein ton froc, t'es vraiment un plouc, regarde-moi ça, espèce d'abruti ! »
Et le père répond :
« Tu vas fermer ta gueule, moi, j'vais t'envoyer une tartine, j'vais t'étaler sur l'mur, tu commences à m'faire chier, tu m'les gonfles, j'les ai là maintenant, qu'est-ce que tu m'emmerdes avec tes conneries... »
Alors la femme :
« Tu pourrais faire attention, quand même devant l'gosse !... »
Et le gosse, y fait un signe, comme ça, comme s'il allait prendre une claque, avec le bras sur la tête. Et le père :
« Qu'est-ce que tu fais, toi, j't'ai rien demandé...
– Non, mais t'es tellement con, j'ai eu peur... »

CONNERIE ♦ « Tu inocules la connerie comme une maladie afin qu'on ne l'attrape plus.
– Ça a toujours été ça. C'est de l'éducation du rire. À partir du moment où tu ris du problème, il existe moins. »
♦ Personnellement, je ne le fais pas exprès, dès que j'ouvre la bouche, je dis des conneries. Avant je les disais, ça ne me rapportait pas un rond, maintenant je les dis, ça me rapporte de l'argent, mais pour moi, ça n'a pas changé, je dis toujours autant de conneries.
♦ On ne m'enlèvera pas de l'idée que la connerie est une forme d'intelligence.

CUL Je parle du cul, je parle du cul, d'accord, mais pas l'hiver... L'hiver, je parle du nez !

DÉGUEULASSE ♦ Hier soir je suis allé bouffer au resto et après j'ai demandé à embrasser le chef. Bah, oui, c'était tellement dégueulasse que, lui et moi, on est sûrs de pas se revoir avant longtemps !
♦ Tiens, allez, c'est un mec qui a de la suite dans les idées. Il emmène son gosse au bistrot où il commande un verre de gin. « Comme d'habitude, René ! » Le verre arrive. Il en fait boire une gorgée à son gamin et lui demande :
« Alors, tu trouves ça bon ?
– Beurk, c'est dégueulasse !

– Ah, tu vois, quand je pense que ta mère et toi croyez que cela me fait plaisir de boire ! »

EMMERDER ♦ Ma devise : j'emmerderai la droite jusqu'à la gauche.

♦ J'ai enfin la réponse ! Ce week-end, j'ai demandé à un flic pourquoi il m'emmerdait, il m'a répondu : « Je suis minable, il faut bien que j'emmerde quelqu'un de connu ! »

♦ C'est un mec qui est en train d'se noyer dans une rivière en pleine nuit. Il hurle : « Au secours ! Je n'sais pas nager, au secours ! » Et y a un autre mec dans une des petites maisons qui bordent la rivière qui ouvre la fenêtre et qui crie : « Moi non plus, je ne sais pas nager, mais j'emmerde personne ! »

♦ Le problème, si on se laisse emmerder par les uns, c'est que ça donne le mauvais exemple aux autres.

EMMERDEUR Ma candidature, c'est la possibilité pour tous ceux qui sont traités en parasites de devenir actifs, de passer au rang officiel d'emmerdeurs.

ENCULÉ ♦ Les pédés sont des enculés, mais c'est pas les seuls.

♦ Le dernier amant de Rock Hudson, apprenant « après coup » sa séropositivité, a demandé à la famille du défunt un dédommagement de plusieurs millions de dollars. On a donc affaire à un enculé qui ne recule devant rien, ni devant personne d'ailleurs, c'est pour ça que ça se transmet.

♦ C'est un homosexuel qui confie : « J'adore le football parce que je cours, je cours, je cours avec le ballon et pis j'arrête devant l'but et là, je le mets exprès à côté et tout le stade me crie : "Enculé !" »

ENFOIRÉ ♦ J'ai réussi à dépénaliser le mot "enfoiré".

♦ Selon Jean-Marie Le Pen, en tant que fils d'immigré, je n'aurais pas le droit de faire les Restaurants du Cœur. J'ai traité Le Pen d'enfoiré, c'est vrai, et je retire ce que j'ai dit. Lui, faut lui trouver un mot pour lui tout seul.

♦ Je parle parfaitement l'anglais. Mais les Anglais ne me comprennent pas, ce qui est normal, parce que ce sont des enfoirés.

♦ Je remercie les enfoirés de gauche qui nous ont fait croire que c'était la droite qui savait pas gérer et que c'était pour ça qu'on était dans la merde. Je remercie les enfoirés de droite qui nous ont fait croire que c'était à cause de ce qu'avait fait la gauche qu'on s'en sortait plus. Je remercie les enfoirés de patrons qui nous ont fait croire que c'était à cause de l'État qu'on n'arrivait pas à s'en sortir. Et je remercie les enfoirés de syndicalistes qui nous ont fait croire que c'était la faute aux patrons. Tous se rejettent la faute les uns sur les autres. Finalement, qui c'est qui l'a dans le cul ? C'est nous ! C'est ceux qui ont un cul.

#VOUS POUVEZ CONFONDRE

Les enfants, c'est cruel. Après, quand ça grandit, ça porte un autre nom, mais ça reste quand même des **ENFOIRÉS** !

GROSSIÈRETÉ(S) ♦ Enfin une grossièreté gratuite dans ce monde pourri par l'argent : j'emmerde les hommes politiques !

APPEL DU CANDIDAT COLUCHE. CAMPAGNE CONTRE LA GROSSIÈRETÉ. #NE DITES PLUS

« C'est des enculés ! » ♦ **« Ils nous font chier ! »**
« Ils nous cassent les couilles ! »
« Ils nous emmerdent ! » ♦ **« Je leur pisse au cul ! »**
« Tous pourris ! » ♦ **« Vous êtes un tas de vieux cons ! »**
« C'est tous des voleurs ! » ♦ **« Ils nous gonflent ! »**
« Ils nous irritent le trou du cul ! »
« Je vais leur foutre profond ! »

#NE DITES PLUS « MERDE ! »

#DITES « JE VOTE COLUCHE ! »

INSULTE Tant qu'on fait rire, c'est des plaisanteries. Dès que c'est pas drôle, c'est des insultes.

MERDE ♦ **Camarade balayeur, à partir de demain, grâce au syndicalisme, tu seras l'égal du patron ! Mais je te préviens, c'est toujours toi qui ramasseras la merde et tu seras toujours payé moins cher.**

♦ **On a coupé la jambe gauche de Tito. Maintenant, s'il marche dans la merde, ce sera vraiment du malheur !**

PIPI-CACA C'est un mec qui va voir son médecin, il lui dit :
« Voilà, j'ai un problème pour faire pipi et caca.
– Bon, ben, expliquez-moi.
– Ben voilà, je fais régulièrement tous les matins à 6 heures.
– De quoi vous vous plaignez ?
– Ben, je me lève à 7 heures. »

POLITIQUEMENT INCORRECT **Alors, si je comprends bien, il faudrait pas que je dise du mal des Belges, il faudrait pas que je dise du mal des Arabes, il faudrait que je ferme ma gueule à propos de la politique, il faudrait que je raconte des histoires un peu moins dégueulasses et il faudrait pas que je parle la bouche pleine, mais on va jamais me payer à rien foutre !**

PUTE ♦ « C'est pas toujours drôle, de faire la pute ! J'vous jure, y a des malades ! L'autre jour, je fais une pipe à un client. Je lui dis : "C'est marrant, tu sens le bouchon !" Il me dit : "C'est possible, je suis de Liège." »

♦ C'est un gosse de 9 ans qui est dans la rue avec une cigarette. Une dame lui dit :
« Mais tu te rends compte qu'à ton âge tu fumes ?!

– Ah, ça, c'est rien, hier j'étais aux putes !
– Quoi ? Et avec laquelle t'as été ? !
– Oh ben, j'en sais rien, moi, j'étais bourré. »

♦ C'est un ministre, un gland de ce monde donc, qui va aux putes, ça doit bien arriver, et, au moment de payer, il lui dit :
« Combien je vous dois ?
– Trois francs !
– Oh, ben, dites donc, vous n'êtes pas chère ! Comment vous gagnez votre vie ?
– Le chantage, pourquoi ? »

♦ C'est un môme qui pleure dans le train, ouin, ouin, il pleure et les autres voyageurs lui demandent ce qu'il a.
« J'ai appris que ma mère était une pute ! »
Le type à côté de lui dit :
« C'est pas grave du tout, mais, moi aussi, ma mère est une pute, hein, ma mère, ma mère est une putain, mais c'est pas grave du tout, ça peut arriver à n'importe qui... »
Et le curé, un peu plus loin :
« Mais moi aussi, moi aussi, ma mère faisait le trottoir ! »
Et le militaire :
« Mais moi aussi, ma mère était une prostituée... »
Et le dernier mec du wagon sort une clope et demande :
« Dans tous ces fils de putes, y en a pas un qu'a du feu ? »

#NE PAS CONFONDRE

Messieurs, ne confondez pas une **PUTE** et une **SALOPE**. Pute, c'est un métier, salope, c'est un trait de caractère.

TRAIN Vous avez vu la nouvelle pub de la SNCF ? « Laissez-vous prendre par le train ! » Comme quoi, il n'y a pas que moi qui suis dégueulasse !

SEXE On dit les Blancs, les Noirs... mais « sexe », c'est pas forcément un gros mot. Ça dépend beaucoup de la couleur du sexe !

Imprimé en France par
Loire offset Titoulet à Saint-Étienne

Dépôt légal : **novembre 2017**
ISBN : 978–2–7491–5652–1